W0176783

Oliver Welke · Morten Kühne

heute 2DF
show
DAS BUCH

Rowohlt · Berlin

1. Auflage Juli 2011
Copyright © 2011 by Rowohlt · Berlin Verlag GmbH, Berlin
Lizenz durch: ZDF Enterprises GmbH © ZDF 2011
Alle Rechte vorbehalten
Innengestaltung Christine Lohmann
Satz Minion PostScript (InDesign)
bei KCS GmbH, Buchholz bei Hamburg
Druck und Bindung Mohn media GmbH, Gütersloh
Printed in Germany
ISBN 978 3 87134 699 6

Inhalt

KAPITEL 1

Hallo!   9

Die coolsten Stellen des Grundgesetzes
und was sie bedeuten   11

KAPITEL 2

Der Untergang – Aufstieg und (vor allem)
Fall der FDP   16

KAPITEL 3

«Über sieben Brückentechnologien musst du gehen» –
Abenteuer Atomkraft   34

KAPITEL 4

Quatsch mit Sozen – Die Krise der SPD   48

KAPITEL 5

Hör mal, was da brummt –
Die deutsche Wirtschaft dreht auf   64

KAPITEL 6

Angie, eine Frau geht seinen Weg – Angela Merkel
& ihr Wahlverein, formerly known as CDU   72

KAPITEL 7

Jaja, deine Mudda, du Opfer! –
Expeditionen ins Integrierreich   86

KAPITEL 8

Stasi 2.0 – Datenschutz im Internetzeitalter   98

KAPITEL 9

Nummer 1 lebt – Der Bundespräsident   106

KAPITEL 10

«Haste mal 'ne Mark?» – Die Krise des Euro   114

KAPITEL 11

Grüner wird's nicht – Hoppla, wir sind Volkspartei   130

KAPITEL 12

20 Jahre mit Ronny und Mandy –
Die Einheit feiert Jubiläum   140

KAPITEL 13

Geschichte der BRD für Einsteiger   146
Geschichte der DDR für Einsteiger   154

KAPITEL 14

Es war nicht alles schlecht – Die Linkspartei   156

KAPITEL 15

Die Talibahn kommt – Deutschland im Krieg   166

KAPITEL 16

Lass jucken, Kardinal – Kirche heute   180

KAPITEL 17

Der Doktor und das dumme Vieh –
Deutschlands krankes Gesundheitswesen   186

KAPITEL 18

MacMüll, ich liebe es! –
Deutschlands beste Lebensmittelskandale   196

KAPITEL 19

Kopieren geht über Studieren –
Die Guttenbergs, ein deutscher Schundroman   202

KAPITEL 20

Making of «heute show» – Die Bonustracks   216

Danksagung   234
Bildnachweis   235

Hallo!

Sie haben sich für den Kauf von «heute show – Das Buch» entschieden. Eine kluge Wahl. Ohne Übertreibung darf man vom besten, wenn nicht gar einzigen Buch zur preisgekrönten ZDF-Nachrichtensatire sprechen.

Natürlich gibt es die «heute show» jede Woche im Fernsehen. Und in der ZDF-Mediathek. Aber das reicht nicht. Wir wollen, dass Sie die «heute show» überall mit hinnehmen, dass Sie uns jederzeit anfassen, streicheln und befingern können. Und dafür ist das gute alte Buch eben das ideale Medium.

«heute show – Das Buch» schenkt Ihnen (für Geld) schonungslose Porträts unserer wichtigsten Politstars und Parteien. Denn es reicht eben nicht zu fragen, WIE wird man Sigmar Gabriel, sondern auch WARUM. Und ob man da so gar nichts gegen machen kann.

Laut Marktforschung sehen gerade jüngere Zuschauer neben der «heute show» gar keine Nachrichten mehr. Ein ebenso schöner wie zutiefst verstörender Gedanke.

Insbesondere diesen jungen Menschen, nennen wir sie mal «Generation kostenloser Download», sei dieses Buch wärmstens ans Herz gelegt. Wer sich, wie in dieser Altersgruppe üblich, eigentlich für nichts interessiert, was länger als zehn Jahre zurückliegt, kann es quasi als Unterrichtsmaterial betrachten.

Denn nur hier wird benutzerfreundlich erklärt, wie so eine Bundesrepublik funktioniert und wie sie entstanden ist. Natürlich immer so, dass es auch nach 1990 Geborene verstehen können. Also in einfachen Worten, mit vielen großen Bildern und komplett in 3-D.

Kurz gesagt: Einmal dieses Buch lesen ersetzt ein Grundstudium in Politik, Sozialpädagogik oder jedem anderen Laberfach. Zweimal lesen gilt in SPD-regierten Bundesländern (und an der Uni Bayreuth) bereits als Promotion.

In diesem Sinne, viel Spaß und Erfolg auf Ihrem weiteren Lebensweg!

Die Autoren

Die coolsten Stellen des Grundgesetzes

und was sie bedeuten

ARTIKEL 1:

Die Würde des Menschen ist unantastbar.

Bedeutet genau das, was da steht. Wer anderen Leuten die Würde nimmt, ist charakterlich das Hinterletzte.

Wenn sich jemand allerdings *selbst* die Würde nimmt, indem er beispielsweise Cowboystiefel trägt oder mit 14 in die Junge Union eintritt, kann der Gesetzgeber wenig machen. Andernfalls wären TV-Sendungen, in denen Heidi Klum magersüchtige Pipi-Mädchen zum Flennen bringt oder in denen B-Promis RTL zuliebe an Hirschpenissen lutschen, verfassungswidrig. Und unsere Richter haben weiß Gott auch so schon genug zu tun.

ARTIKEL 3:

Alle Menschen sind vor dem Gesetz gleich. (...) Männer und Frauen sind gleichberechtigt.

Dieser Artikel ist ein klassischer Fall von «echt gut gemeint». Alle sind irgendwie gleich. Im Gegensatz zu früher – da lebten wir Deutschen noch in einer ständisch geprägten Klassengesellschaft. Ganz oben standen Klerus und Adel, darunter kamen verschiedene Abstufungen von «Gesocks». Für die Karrierechancen des Individuums war es von entscheidender Bedeutung, in welche Familie man geboren wurde.

Und das ist eben heute ... exakt genau so. In kaum einem anderen Industrieland ist der Zusammenhang zwischen sozialer Herkunft und Bildungschancen so groß wie bei uns in Deutschland.

Immerhin hat der Adel einen Teil seiner Privilegien eingebüßt. Wenn der Hochadel heutzutage einem Journalisten mal unverbind-

lich den Regenschirm durch die Kauleiste zieht, dann sagt der Presse-
pöbel ja nicht mal mehr danke.

Und was die Frauen angeht: Die dürfen in diesem Land dasselbe
wie die Männer. Denen stehen alle Wege offen. Deshalb sitzen ja auch
so viele Frauen in den Aufsichtsräten der deutschen DAX-Unterneh-
men. Nämlich bis zu ... ist ja auch egal.

ARTIKEL 4:

Die ungestörte Religionsausübung wird gewährleistet.

Soll heißen: Gott, Jehova, Manitu, Allah, Yogi Bär, Franz Becken-
bauer, alle höheren Wesen dürfen von jedermann jederzeit ungestört
angebetet werden.

Wenn sich doch einer gestört fühlt, weil ihm sonntagmorgens ab
acht die nebenan praktizierenden Katholen den verkaterten Arsch aus
dem Pyjama läuten, dann hat er eben Pech gehabt.

Da ist echte Toleranz gefragt. Muss man alles aushalten. Genau
wie die Typen mit den C&A-Anzügen, die einem in der Fußgängerzone immer die letzten drei freien Plätze in dem Raumschiff andrehen
wollen, das angeblich kurz vor dem Weltuntergang noch losfliegt.
Und wenn die Spinner damit recht haben, dann gucken wir aber alle
schön blöd!

Allerdings sind die verschiedenen Religionen hier keineswegs
gleichberechtigt. Zwei sind sogar so privilegiert, dass der Staat für sie
Steuern eintreibt. Und das, während inzwischen alle fünf Sekunden
ganze Dörfer geschlossen aus der Kirche austreten.

Die große Masse der Deutschen sagt regelmäßig Sachen wie: «Also,
ich glaub schon, dass da noch irgendwas anderes ist. Also jetzt kein
alter Mann auf 'ner Wolke, aber so 'n höheres Wesen, ne?»

Kotz. Das sind die Schlimmsten.

ARTIKEL 5:

Jeder hat das Recht, seine Meinung in Wort, Schrift und Bild frei zu äußern.

Dieser Artikel bräuchte unbedingt einen Zusatz. Vermutlich fehlte den Vätern und Müttern des Grundgesetzes die Phantasie für eine Welt mit Internet, für eine Welt, in der jeder Honk seinen eigenen «Blog» hat. Der Zusatz für die Bundesrepublik 2.0 lautet daher:

Ja, man kann ständig seine Meinung äußern. Man MUSS aber nicht!!!

ARTIKEL 8:

Alle Deutschen haben das Recht, sich ohne Anmeldung oder Erlaubnis friedlich und ohne Waffen zu versammeln.

Da denkt der eine oder andere junge Mann aus Berlin-Neukölln spontan: «Unbewaffnet versammeln? Ich bin doch nicht bescheuert, du Opfer!»

Wobei sich Artikel 8 allerdings weniger an rivalisierende Drogengangs richtet als an politische Versammlungen. Die sind im Prinzip erlaubt. Von Ausnahmen abgesehen. Wenn zum Beispiel Stuttgarter Schüler gegen das Tieferlegen eines Bahnhofs demonstrieren, dann kann die Polizei natürlich nicht beide Augen zudrücken. Wohl aber den Schülern Pfefferspray in beide Augen sprühen. Das nennt man dann angewandte Staatsbürgerkunde.

ARTIKEL 11:

Alle Deutschen genießen Freizügigkeit im ganzen Bundesgebiet.

Keine Selbstverständlichkeit. In früheren Jahrhunderten musste man die Erlaubnis seines Fürsten einholen, wenn man zum Zigaretten-holen vom Königreich Württemberg ins Herzogtum Baden fahren wollte. (Und dabei gab es in beiden Ländern noch keinen einzigen Automaten.)

Angeblich hat ein deutscher Staat seine Einwohner sogar mal 40 Jahre lang gezwungen, JEDEN Sommer an der Ostsee oder in Bulgarien Urlaub zu machen. (An manchen DDR-Stränden MUSSTE man zudem nackt sein und mit allen anderen Sex haben.)

Inzwischen bestimmen wir ganz alleine, wo wir uns aufhalten. Das heißt, im Deutschland von heute hat jeder Bürger das Recht, ab morgen in Bitterfeld zu leben. Theoretisch. Nur mal als Beispiel.

ARTIKEL 19:

Wird jemand durch die öffentliche Gewalt in seinen Rechten verletzt, so steht ihm der Rechtsweg offen.

Merke: Die einzig legale Gewalt ist die öffentliche. Denn das Gewalt-monopol liegt beim Staat. Nur Staatsdiener haben das Recht, gewalt-tätig zu werden. (In früheren deutschen Staaten die Pflicht, heute nur noch das Recht.)

Dabei kann es natürlich schon mal passieren, dass die «Rechte» von Demonstranten «verletzt» werden. Zu Deutsch: dass sie was aufs Maul kriegen. Wenn man das als Gehauener unangemessen findet, weil man gar keine Steine geworfen, sondern friedlich demonstriert hat (evt. mit dem alten Lied «Wer ist grün und dämlich? Der Förster, der Förster!» auf den Lippen), dann steht einem der Rechtsweg sperrangelweit offen. Man kann den Polizisten verklagen.

Klitzekleiner Haken: Im Gegensatz zu Demonstranten dürfen Polizisten sich vermummen. Und sie tragen ungern Namensschilder. Deshalb verklagt am Ende die Polizei den Demonstranten wegen «Widerstands gegen die Staatsgewalt». Zusätzlich zur Geldstrafe muss er normalerweise auch noch eine Abnutzungsgebühr für den Schlagstock bezahlen.

ARTIKEL 21:

Vor dem Baden kein Kernobst essen und als Gefoulter nie den Elfmeter selber schießen.

Dieser Artikel ist aus unerfindlichen Gründen 1949 schlicht vergessen worden. Peinlich, aber wahr.

DEUTSCHLANDS SCHÖNSTE PARTEIEN

Die FDP

«Wenn zwei Liberale sich in meinem Namen treffen, so soll diese Vereinigung heißen ‹Landesverband›», hatte einst der Gründer der FDP, Ron Hubbard, nein, der war's nicht, Baghwan, nein, der auch nicht – ist ja auch völlig gleichgültig: Die Liberalen heißen so, weil sie frei von jedweder politischen Meinung und Haltung sind. Nun nehmen sie zuweilen zwar eine solche an, legen sie aber genauso schnell auch wieder ab. Der Liberale will nichts durchsetzen oder erreichen, das unterscheidet ihn deutlich von Genossen der anderen Parteien. Denn nichts ist ihm so zuwider wie das Regieren an sich. Um staatliche Eingriffe und Lenkungsabsichten zu verhindern, geht der Liberale häufig aber sogar Regierungskoalitionen ein, mal mit dieser, mal mit jener anderen Partei. Ziel ist jedoch immer, das Wirtstier zu schwächen und an der Umsetzung seiner Vorhaben zu hindern. So ist denn die FDP zur erfolgreichsten Partei der bundesdeutschen Nachkriegsgeschichte geworden. Mit dem beabsichtigten Misserfolg gemeinsamer Regierungsbündnisse geht allerdings auch eine periodische Schwächung der eigenen Wählergunst einher. Drum bewegt sich die FDP in einem ewigen Auf und Ab der Prozente und braucht nach einigen Jahren des kräftezehrenden Blutsaugens an der Wirtspartei wieder Zeiten der Rekonvaleszenz. Im Winterschlaf der Opposition schmilzt die Truppe auf eine Sockelbelegschaft zusammen, so benötigt man weniger Reisekosten für Landesparteitage, kleinere Säle, und manchmal reicht auch ein Telefongespräch für einen Parteibeschluss. Geht's aber wieder ans Regieren, so bedarf es nur einer Annonce im «Deutschen Ärzteblatt» und etwas Getwitter, und die Reserve steht Gewehr bei Fuß vor den zu verteilenden Pöstchen. Ist die SPD die Partei der Bratwürste, die CDU die des Bieres, stehen die Grünen für Tofu mit Rotwein, so ist das kulinarische Symbol des Liberalen das stille Wasser aus einem guten Jahrgang. Die FDP ist nämlich gar keine Partei, sondern simuliert eine solche auf recht erfolgreiche Weise – und das schon seit mehr als einem halben Jahrhundert.

In den frühen Tagen der Bonner Republik trafen sich ein paar erfolgsorientierte Männer in einer Kaschemme am Rhein. Niemand von ihnen hatte etwas vorzuweisen, das auf eine rosige Zukunft hinwies – weder Hochschulabschluss noch Familienvermögen. So war allen klar, denn intelligent waren sie, dass nur der Weg in die Politik blieb, um an die Fleischtöpfe zu gelangen. Überzeugungen hegten sie keine, denn davor saß ihnen der Ekel noch aus tausendjähriger Erfahrung in den Knochen. Wie sie nun so diskutierten und eine Partei nach der anderen durchgingen, welche denn wohl den schnellsten Durchmarsch zur Spitze böte, stellte sich schnell die Ernüchterung ein: Es fielen so eklige Namen wie «Unterer Regionalverband» oder «Landesdelegiertenversammlung». Vor Abscheu schnäuzten sie in ihre Taschentücher und bestellten noch ein Gebinde des säuerlichen Müller-Thurgaus. Als dessen dritte Bouteille zur Neige ging, hatte einer endlich die rettende Idee: «Wir gründen eine eigene Partei, und weil sie frei von jeder festgelegten politischen Meinung sein soll, nennen wir sie die Freidemokratische Partei.» Dies war die Geburt der FDP aus dem Geist der milden Trunkenheit, was wieder einmal beweist, dass die Nüchternheit nicht immer und überall die Mutter des Erfolges ist.

(Dietmar Wischmeyer)

Der Untergang
Aufstieg und (vor allem) Fall der FDP

Der Sturz des Guido Westerwelle als FDP-Vorsitzender gehört ohne Zweifel zu den armseligsten Putschen in der jüngeren deutschen Parteiengeschichte. Monatelang wollten ihn seine alerten Kronprinzen abservieren – aber keiner hatte die «Eier» (FDP-Deutsch für Mut) zum Königsmord. Stattdessen wurden immer wieder Liberale aus der zweiten Reihe mit Quengel-Interviews vorgeschickt, in denen «Klotz am Bein» noch das Netteste war, was Westerwelle über sich lesen durfte. Er, der Erfinder des Guidomobils und der gelben 18 unter der Schuhsohle!

Die in engsitzenden Anzügen ärgerlich gutaussehenden Herren Rösler und Lindner haben in den entscheidenden Tagen des Umsturzes lieber gar nichts gesagt. Auch nicht zu Westerwelles Verteidigung. Und so blieb dem großen Vorsitzenden nichts übrig, als am 4. April 2011 vor die Hauptstadtpresse zu treten und sinngemäß zu verkünden: «Genscheremos, ihr Pissetrinker! Ich bin dann demnächst mal weg!»

Das alte Lied: Dankbarkeit und Politik passen einfach nicht zusammen. Wir von der «heute show» wissen hingegen sehr gut, was wir Männern wie Guido Westerwelle oder Rainer Brüderle zu verdanken haben. Es gab Sendungen, die zu 50 Prozent nur mit diesen beiden bestritten wurden. So viel Einsatz für ein kleines TV-Format ist keineswegs selbstverständlich.

Soll die neue «Jüngelchen»-Garde an der FDP-Spitze ihren Triumph ruhig auskosten. Westerwelle, der im Außenamt seine Liebe zur englischen Sprache entdeckt hat, wird sich denken: «Much Fun with the Scherbenhaufen, you little Suckers!» Denn in der Tat: Wofür will die «neue» FDP denn bitte stehen? Für mehr Windenergie? Gähn. Die Idee haben gerade auch fünf bis zwölf andere Parteien. (Vielleicht sogar die Grünen.)

Müßig, darüber zu spekulieren, wohin sich die traurigen Reste der Partei nun ideologisch bewegen. Widmen wir uns lieber der Chronologie des Absturzes. Wann wurde der entscheidende Fehler gemacht? Schon mit der Gründung der FDP? Oder war es doch der Moment, als irgendein PR-Depp in die Brainstorming-Runde gerufen hat: «Wie wär's denn, wenn ihr im Wahlkampf hauptsächlich über Steuern reden würdet?»

Why? – Chronik des Niedergangs

Im Nachhinein ist man ja immer schlauer. Und in der Rückschau würde mancher FDP-Politiker die Sache mit der «Klientelpolitik» vermutlich etwas subtiler angehen.

Natürlich sollte man mit Parteienklischees immer sehr vorsichtig sein. In der CSU zum Beispiel gibt es angeblich auch einige Nichtalkoholiker, und nicht alle Grünen sind Vegetarier. Fakt ist aber: ALLE FDP-Mitglieder mögen (zumindest heimlich) Klientelpolitik, sonst wären sie ja nicht in der FDP. So einfach ist das. Leider.

Daher ist es auch nur konsequent, dass die Liberalen nach dem Sensationsergebnis bei der Bundestagswahl 2009 – und exakt anderthalb Minuten nach dem Amtseid ihrer Minister – erst mal den Mehrwertsteuersatz für Hoteliers gesenkt haben.

Notorische Spießer mögen hier eine Anstandsfrist vermissen und einwenden, dass man sich ja auch nicht gleich am ersten Tag im neuen Job nackt auf den Kopierer setzt.

Andererseits: Wer FDP wählt, darf eben hinterher nicht überrascht tun, wenn er Klientelpolitik kriegt. «Ätschmann, Bätschmann», kann man den verwirrten Neuliberalen von 2009 da nur zurufen. Auch wenn es ja heute keiner mehr gewesen sein will, irgendwie müssen die 14,6 Prozent ja wohl zusammengekommen sein. Oder waren das alles Hotelbesitzer?

Ein Brief an die FDP. Vielleicht klappt es ja mit dem reduzierten Steuersatz für «heute show»-Moderatoren.

Im Übrigen: «Klientelpolitik» ist so ein hässliches Wort. Das riecht doch fast nach Bestechung. Dabei ist es ein ganz natürlicher Vorgang, wenn der Lobbyist der Partei seines Vertrauens Geld «schenkt». Die Partei klöppelt dann völlig unabhängig von diesem «Geschenk» neue Gesetze, die rein zufällig haargenau so sind, wie es sich die Lobby schon immer gewünscht hat. Was ist daran falsch? Wäre die Welt nicht ein besserer Ort, wenn viel mehr gegeben würde? Oder um es mit den blumigen Worten von Christian Lindner zu sagen:

> **«Das Bundesverfassungsgericht hat in seiner ständigen Rechtsprechung unterstrichen, dass auch Kapitalgesellschaften und -verbände spenden sollten, weil dadurch das Band zwischen den Parteien und der Wirtschaft insgesamt gestärkt wird.»**
> CHRISTIAN LINDNER, *Generalsekretär der FDP*

Das wunderbare Band zwischen Wirtschaft und Parteien – ein Band, gewoben aus feinstem Bargeld. Es darf niemals abreißen! Nur verblendete Hetzer WOLLEN hier heraushören, dass der Mann völlig ungeniert den Prinzipien einer Bananenrepublik das Wort redet. Tatsächlich steht gerade der Name Christian Lindner für völlig neue liberale Prinzipien. Achtung, anschnallen!

> **«Mit diesen Prinzipien bestimmen wir einen konsequenten Liberalismus. [...] Es ist zugleich ein mitfühlender Liberalismus.»**
> CHRISTIAN LINDNER, *Generalsekretär der FDP*

Ist das zu fassen? Noch vor zehn Jahren kriegten Liberale schon bei der Aussprache des Wortes «mitfühlend» spontan eitrige Pickel und allergisches Asthma. Und jetzt das! Mitfühlender Liberalismus! Aber wie genau funktioniert der?

Normaler Liberalismus geht bekanntlich so: «Sie sind entlassen! Raus!» Mitfühlender Liberalismus dagegen so: «Sie sind entlassen. Sorry. Raus!»

Der mitfühlende Liberalismus FÜHLT mit Leiharbeitern, die auch in Zukunft für einen Bruchteil des Lohns der Stammbelegschaft arbeiten müssen. Aber eben zeitgleich mit den Eliten. Sobald es an konkrete Gesetze geht, sorgt natürlich auch der mitfühlende Liberale dafür, dass zum Beispiel die Sache mit der Bankenaufsicht nicht übertrieben wird, damit Banken auch in Zukunft mit unserem Geld zocken dürfen, um anschließend damit gerettet zu werden.

Der Liberalismus des Herrn Lindner FÜHLT mit Arbeitnehmern, die die anhaltende Kostenexplosion im Gesundheitswesen neuerdings alleine bezahlen dürfen, und friert gleichzeitig den Arbeitgeberanteil ein. Damit ist es offiziell bewiesen! Man kann sehr wohl mit den kleinen Leuten fühlen UND konkrete Politik für seine eigentliche Klientel, die Unternehmer, machen. (Wobei der mitfühlende Liberale grundsätzlich nie das Wort «Unternehmer» in den Mund nimmt. Stattdessen ist gern vom «Mittelstand», noch öfter von «kleinen mittelständischen Betrieben», am allerliebsten vom «Handwerker» die Rede. Klingt einfach mitfühlender.)

Deutsche Helden

Christian Lindner

An der Universität Bonn hatte er sich nach dem Abitur für den Studiengang Politikwissenschaft eingeschrieben. Mein Gott, was waren die alle naiv gewesen, seine Kommilitonen, die glaubten doch tatsächlich, in diesem Fach gehe es um die wissenschaftliche Auseinandersetzung mit der politischen Realität. Idioten, alle zusammen! Wenn jemand Maschinenbau studiert, will er sich danach schließlich auch nicht mit bereits existierenden Maschinen beschäftigen, sondern neue konstruieren. Und genau darum ging es Christian Lindner von Anfang an – er wollte sich in eine perfekt konstruierte Politikmaschine verwandeln.

Dazu dachte er sich neben den albernen Seminaren an der Uni eigene Fachgebiete aus: Simulation von Meinung, Glaubwürdigkeits-Posing, Casual Opinion Making. Den größten Wert legte er auf freie Rede und Mediensympathie. Er nahm Ballettunterricht, um seine schmächtige Figur körperlich präsenter erscheinen zu lassen. Abends schaute er alte Western auf Video und sprach die Rollen von John Wayne laut vor sich hin. All das sollte nur einem Zwecke dienen: die perfekte Politwaffe Christian Lindner zu formen. Schon als Schüler hatte er begriffen, dass die einzige Partei, die für ihn in Frage käme, die FDP sei. Mit sechzehn trat er ihr bei. Nach seinen Hochrechnungen hätte er genau zehn Jahre gebraucht, um ihr Landesvorsitzender zu werden, er schaffte es in neun. Bei der SPD hätte er grob überschlagen 28 benötigt, die Grünen hätten ihn nach zwei Jahren rausgeworfen, und in der CDU hatte er als Hetero keine Chance. Dies sollte sich als der einzige Irrtum in der Karriereplanung des Christian Lindner herausstellen. Die Uni Bonn wählte er seinerzeit nicht zufällig, hier hatte auch Guido Westerwelle studiert. Und exakt wie geplant schlug ihn dieser 2009 als Generalsekretär der FDP vor.

Manchmal ängstigte Christian Lindner sich vor sich selbst, alles kam immer genau so wie vorhergesagt. Er träumte nachts davon, wie sich große Teile seiner Haut ablösten und darunter ein Android zum Vorschein kam, ein FDP-Terminator, darauf programmiert, im

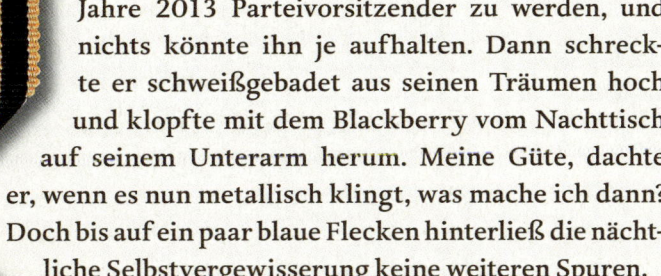

Jahre 2013 Parteivorsitzender zu werden, und nichts könnte ihn je aufhalten. Dann schreckte er schweißgebadet aus seinen Träumen hoch und klopfte mit dem Blackberry vom Nachttisch auf seinem Unterarm herum. Meine Güte, dachte er, wenn es nun metallisch klingt, was mache ich dann? Doch bis auf ein paar blaue Flecken hinterließ die nächtliche Selbstvergewisserung keine weiteren Spuren.

Christian Lindner hasste nichts so sehr wie Leute, die eine feststehende Meinung hatten. Sogar in der FDP gab es einige davon, Sabine Schnarrenberger zum Beispiel oder wie die hieß. Liberal bedeutete für Christian Lindner in allererster Linie, auch die politische Meinung dem freien Markt zu überlassen. Es brachte doch überhaupt nichts, auf diesen dämlichen Steuererleichterungen herumzureiten, wenn man sich damit nur Ärger und Nervereien einhandelte. Im kleinen Kreis unter Freunden, wenn er schon zwei Bionaden getrunken hatte und entsprechend locker drauf war, sagte er oft, am liebsten würde er fordern, dass morgen früh die Sonne aufginge. Und zwar deshalb, weil sie das mit fast absoluter Sicherheit tue und er dafür nichts zu machen bräuchte. Dann lachte Christian Lindner laut über sich selbst und darüber, was für ein Fuchs er doch war.

Er gab sich bis zum 40. Geburtstag Zeit, um in der Politik die große Karriere zu machen, mindestens Vorsitzender und Minister oder irgendwas in Brüssel oder Genf. Wenn nicht, würde er an die Uni zurückkehren und Bestseller schreiben. Eine These, die er insgeheim das «Lindner'sche Theorem» nannte, bewegte er schon seit langem im Kopf: «Erfolgreiche Politik machen heißt sich an die Spitze einer Bewegung setzen, die es auch ohne dich geschafft hätte.» – «Scheiße, bin ich gut», dachte er dann bei sich.

(Dietmar Wischmeyer)

DER FLUCH DER UNDANKBAREN KLIENTEL

Die Sache mit der «Mövenpick»-Spende und der Mehrwertsteuersenkung für Hotels fand Lindner übrigens auch nur so mittel. In der Außendarstellung. Was natürlich kein Grund ist, an diesem Schandfleck in der deutschen Gesetzgebungsgeschichte nachträglich noch was zu ändern. Das hieße ja einen Fehler zugeben. Und so weit geht der mitfühlende Liberalismus nun auch wieder nicht.

Die Scheiße stinkt doch zum Himmel! Ja, wo leben wir denn eigentlich? Im Taka-Tuka-Land? Kann man bei uns neuerdings Gesetze bestellen wie 'ne Pizza? Hallo, Herr Lindner? Ich hätte gern einmal den reduzierten Mehrwertsteuersatz und einen kleinen Bauernsalat!

Natürlich hat so ein «Gesetze-Bringdienst» auch seine anstrengenden Seiten. Plötzlich kommen alle möglichen Interessengruppen angeschissen und jaulen sinngemäß: «Wo bleiben denn jetzt UNSERE verdammten Steuersenkungen? Meine Frau braucht einen Porsche Cayenne! Seit einem halben Jahr müssen die Kinder mit dem Taxi zur Schule fahren! Das ist Sozialismus pur!»

Man kann sich seine Klientel eben nicht aussuchen. Und weil Apotheker, Jungunternehmer und Werbefuzzis total undankbare Menschen sind, ging es schon Ende 2009 steil bergab mit den FDP-Umfragewerten. Vor allem die Beliebtheitszahlen von Guido Westerwelle bröckelten in sich zusammen, als hätte sie eine Kölner Baufirma errichtet. Dabei KANN man als Außenminister eigentlich gar nicht unbeliebter werden. Sogar Frank-Walter Steinmeier, der Prototyp des Ostwestfalen, ist mit diesem Job populär geworden. Was hat Guido also falsch gemacht? Er hat doch alles versucht! Sogar der «Bild» nach dem Mund geredet.

> **«Wer arbeitet, muss mehr haben als der, der nicht arbeitet. Das muss man in Deutschland noch sagen dürfen, alles andere ist Sozialismus.»**
> GUIDO WESTERWELLE

> **«Wer dem Volk anstrengungslosen Wohlstand verspricht, der lädt zu spätrömischer Dekadenz ein.»**
> GUIDO WESTERWELLE

Eben! Wenn man sich schon als Außenminister in die Innenpolitik reindrängt, dann aber bitte mit markigen Worten! Hartz-IV-Empfänger sind also verwöhnte Bratzen, die sich vor der Kulisse des brennenden Roms mit der Pfauenfeder den Fasanenbraten aus dem Magen kitzeln.

Populismus für Dummies. Man blökt irgendwas raus, dem überhaupt kein normaler Mensch widersprechen kann («Wer arbeitet, soll mehr haben als einer, der nicht arbeitet»), und tut dann so, als wäre man der mutige Tabubrecher vom Dienst. Quasi der Nelson Mandela der Steuerzahler. («Das wird man ja wohl noch sagen dürfen.»)

Eine Möglichkeit, konkret dafür zu sorgen, dass Arbeitende mehr verdienen als Hartz-IV-Empfänger, wären zum Beispiel Mindestlöhne. Wer hat die noch mal jahrelang verhindert? Ach ja, die FDP. Na, das macht doch Sinn!

Spätrömische Dekadenz für Fortgeschrittene.

MÖVENPICKUS VII%

«DIE WEISHEIT DES TAGES»

«Wer für Spendengeld dem
Hotelier Gesetze strickt,
wird am Ende vom Wähler
ins Knie getreten.»

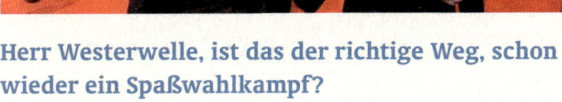

Herr Westerwelle, ist das der richtige Weg, schon wieder ein Spaßwahlkampf?

DER GROSSE SOLMS
1000 ganz legale Steuerversprechen
2010

Tina Hausten erklärt:

Quo vadis, liberales?

Am abschreckenden Beispiel FDP lässt sich gut veranschaulichen, dass es DEN klassischen Wähler einer Partei gar nicht mehr gibt. Früher wählte der Bergmann zum Beispiel SPD, und zwar vom 18. Geburtstag bis zu seinem staublungenbedingten Tod mit 57. Und der Sohn des Bergmanns wählte auch SPD, da konnte sich die SPD drauf verlassen.

Heute erinnert der Durchschnittswähler an ein verwirrtes Teenagermädchen, das seine Gunst wie ein Schmetterling heute hier und morgen dort verteilt.

Die Liberalen stürzten von über 14 % bei der Bundestagswahl in kürzester Zeit auf 3 % (aufgerundet) ab. Wir Demoskopen nennen so etwas das «Huiiiii ... ach du Scheiße»-Phänomen.

Da stellt sich die Frage: Wie fühlen sich eigentlich die Menschen, die den Liberalen damals ihre Stimme gegeben haben? Nach unseren Umfragen reicht die Palette der Emotionen von Enttäuschung, Scham über Depressionen bis hin zu Hass und Selbstekel. Viele FDP-Mitglieder trauen sich inzwischen kaum noch aus ihrer Apotheke oder ihrem Hotel. Einige sind so lethargisch, sie haben nicht einmal mehr die Kraft, sich wegen Steuerhinterziehung selbst anzuzeigen.

Nur was wählen die Enttäuschten stattdessen?

Verblüffende Erkenntnis: Was die Gelben verlieren, holen sich oft die Grünen. Und das erstaunt nur auf den ersten Blick. Grünenwähler unterscheiden sich von FDP-Wählern heute nur noch dadurch, dass sie mit ihrem Audi Q7 nicht zum Golfplatz fahren, sondern zum Bioladen. Und dann erst zum Golfplatz.

Das berühmte «Projekt 18» …

… der Realität angepasst.

Am Tiefpunkt seiner Umfragewerte angelangt, fasste Guido Westerwelle einen dramatischen Entschluss: «Ich kümmere mich als Außenminister jetzt mal mehr um Außenpolitik!» Cooler Move! Sein besonderes Steckenpferd ist Südamerika. 2010 standen zum Beispiel Reisen nach Chile, Uruguay, Argentinien und Brasilien auf dem Programm. So weit, so normal. Allerdings stellte sich heraus, dass zu seiner Reisegruppe handverlesene Unternehmer gehörten, die zuvor Geld für die FDP gespendet hatten. Ebenfalls in der Entourage: Westerwelles Lebensgefährte Michael Mronz, ein erfolgreicher Eventmanager, der unterwegs Geschäftskontakte knüpfen durfte. Das nennt man wohl das Nützliche mit dem noch Nützlicheren verbinden.

Tina Haustens Reise-Tipps

Liebe Zuschauer,

ich präsentiere heute ein paar echte Top-Reisen, die das Auswärtige Amt im Angebot hat. «Guidotours» fliegt Wirtschaftsvertreter erster Klasse in finanziell lohnende Schwellenländer. Badehose nicht vergessen!

Nach dem komfortablen Flug in Maschinen der Flugbereitschaft wohnen Sie auf Staatskosten im traumhaften 5-Sterne-Westerwellness-Resort. «Westerwellness» bedeutet Entspannung pur für Ihren Kontostand. Einsame Konferenzräume laden ein zu endlosen Vieraugengesprächen mit örtlichen Wirtschaftsbossen. Hier kann jeder Milliardenaufträge an Land ziehen! Ganz easy!

Das besondere Bonbon bei diesem Angebot: Ab einer Spende von dreißigtausend Euro an die FDP ist die Reise gratis. Sie bekommen sogar eine Spendenquittung, die Sie voll von der Steuer absetzen können. Plus einen tollen Kugelschreiber.

Ab fünfzigtausend Euro Spende sitzen Sie neben Guido persönlich im Flugzeug und dürfen ihm zwanglos Gesetze vorschlagen.

Und das Beste: Obwohl Sie für den Flug nichts, aber auch gar nichts bezahlen, bekommen Sie Meilen gutgeschrieben. Auf Ihr Bonuskonto bei «Miles and Mronz».

Regieren könnte so schön sein, wenn der doofe Wähler nicht diese hässliche Gehirnfunktion hätte, die
Mediziner gern «das Gedächtnis» nennen. So konnten
sich leider viel zu viele Menschen noch viel zu gut
daran erinnern, dass der Wahlkampf der FDP aus
(alles zusammengerechnet) einem Thema bestanden
hatte: Steuersenkungen. Plus der B-Seite der Single:
«Mehr Netto vom Brutto».

Schon im Wahlkampf 2009 hätte ein Schimpanse
mit Rechenschieber darauf kommen können, dass für so was in Zeiten
der schlimmsten Wirtschaftskrise, seit die Reptilien an Land gekommen sind, kein Geld da ist. Gar keins. In Worten: null.

Trotzdem haben die Liberalen quälend lange gebraucht, um sich dieser simplen Realität zu stellen. Oder um es mit Rainer Brüderle zu «for-
mulieren»: «Die Steuersenkungen sind nur auf der Zeitachse gestreckt
worden.» Was ins Hochdeutsche übersetzt heißt: Sie fallen aus!

Spätestens die Erhöhung der Krankenkassenbeiträge durch den
FDP-Minister Rösler beendete jäh den alten Menschheitstraum von
«Mehr Netto vom Brutto». Dafür gibt's jetzt eben mehr Brutto vom
Netto. Auch schön. Was sagte der damalige Chef dazu?

> ## «Versprochen – gehalten!»
> GUIDO WESTERWELLE

Nicht ganz. Oder sagen wir, gar nicht. Das stete Bemühen der Einthe-
menpartei FDP um ihr eines Thema lässt sich aber gar nicht bestreiten.
Da wird der CDU sogar mit dem Ende der Koalition gedroht, wenn es
nicht zumindest noch zu Steuervereinfachungen kommt. Winziger Haken: Es liegt in der Natur der Drohung, dass man nur mit etwas drohen
kann, wovor die Menschen Angst haben.

Doch bei aller berechtigten Kritik an seiner Politik: Die parteiinter-
ne Jagd auf Westerwelle hatte in der Tat etwas Würdeloses. Der ehemalige «Spaßpolitiker» wirkte manchmal wie ein geschwächtes Tier, das von
der Herde abgesondert wird, bevor die Leoparden kommen.

Viele Schlaumeier behaupten nun, Westerwelle sei auch in der Regierung zu sehr Oppositionspolitiker geblieben. Und darin liegt sogar eine gewisse Logik. Denn in den letzten zwei Jahren hat die FDP tatsächlich alles Menschenmögliche unternommen, um wieder in der Opposition zu landen. Das war vermutlich nicht immer im Sinne der liberalen Basis. Aber wer fragt die schon? Die «heute show» zum Beispiel.

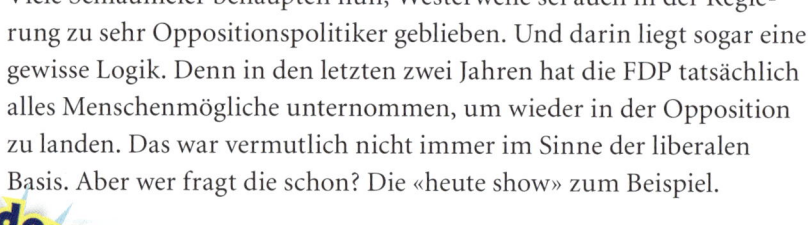

Vervollständigen Sie bitte den Satz:

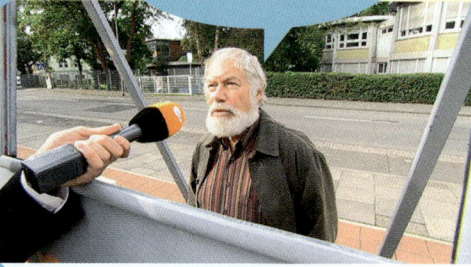

Der Philipp Rösler kann mich mal …

… kann mich mal gerne zum Geburtstag gratulieren.

Die zehn besten Eigenschaften von Guido Westerwelle:

eloquent, bissig, direkt, mutig, sachlich, weitgehend informiert, da sein, nicht weg sein, hier sein, für die Mitglieder da sein.

Ist es vielleicht 'ne Lösung für die FDP, noch mal ganz von vorne anzufangen, in einem anderen Land?

Atomkraft

Die Atomkraft gehört zu den urdeutschen Erfindungen, so wie Nutella oder das Rhönrad.

1938 spaltete Otto Hahn am Berliner Kaiser-Wilhelm-Institut das erste Caesiumatom. Im Nachhinein betrachtet eine schöne Zeit. Damals wusste nämlich nur Otto Hahn, wie man Kerne spaltet. Heute können das leider auch Inder und Pakistaner, mit etwas Pech demnächst auch die irren Jungs aus Teheran.

Das kann man Otto Hahn nicht zum Vorwurf machen. Er hat's gut gemeint. Aber wie vieles im Leben macht auch die sogenannte «friedliche» Nutzung der Kernkraft nur am Anfang richtig Spaß. Schnell ist die erste Verliebtheit verflogen, immer mehr lästige Dinge, die einem vorher gar nicht aufgefallen sind, kommen zum Vorschein. Und auf einmal steht der Keller voller Müll, und man muss wohl oder übel zur Deponie fahren. Blöd nur, dass es gar keine Deponie für diese Art Müll gibt.

Ein Problem, das auch die deutsche Politik nach nur wenigen Jahrzehnten als solches erkannt hat. Daher gilt die Atomkraft nur noch als «Brückentechnologie». Sie soll uns helfen, die Zeit zu überbrücken zwischen heute und dem Zeitpunkt, an dem in die Geldspeicher der Stromindustrie echt nichts mehr reinpasst.

Seit der Erfindung des Atomkraftwerks hat es weltweit immer wieder schwere Störfälle gegeben, zuletzt in Japan. Doch trotz Fukushima gibt es immer noch Menschen, die glauben, die Kernkraft sei eine beherrschbare Energiequelle. Zumindest wenn man sie mit deutscher (!) Technik beherrscht. Wenn Sie mal einen solchen Menschen treffen, reden Sie bitte so lange beruhigend auf ihn ein, bis die Männer mit dem Fangnetz eingetroffen sind.

«Über sieben Brückentechnologien musst du gehen»

Abenteuer Atomkraft

Der Atomausstieg ist beschlossene Sache. 2022 ist endgültig Schluss. Dank Union und FDP, der Speerspitze der Anti-AKW-Bewegung. Das war nicht immer so. Die Älteren werden sich erinnern.

Im Herbst 2010 stellte die schwarz-gelbe Bundesregierung ihr «neues» «Energiekonzept» vor. Ja, da kann man ruhig beide Wörter in Anführungszeichen setzen. Dieses «neue» «Konzept» lässt sich in dürren Worten so zusammenfassen: Mit der Verlängerung der AKW-Laufzeiten schenkte Frau Merkel den großen Stromkonzernen das, was diesen Firmen WIRKLICH etwas bedeutet. Nämlich Geld.

Und wieder mal hat der Volksmund recht. Nicht nur der Teufel, nein, auch die Merkel macht immer auf den größten Haufen. Denn schon in 2010 konnte RWE stolz bekanntgeben, dass ihre Erlöse im laufenden Jahr um 14 Prozent auf 38,5 Milliarden Euro geklettert sind. Monopolist ist und bleibt eben der geilste Beruf der Welt.

Es folgte eine tagelange Vorstandspolonaise quer durch komplett vergoldete Konzernflure und Whirlpools voller euphorischer Prostituierter. Als zusätzliches Regierungsbonbon konnten die Restlaufzeiten nämlich großzügig unter den Atomkraftwerken verteilt werden. Die Folge: Auch ganz alte Schrottteile (die mitunter nur noch durch Heftpflaster zusammengehalten werden) durften noch viele Jahre am Netz bleiben. Die antiken Schätzchen waren zwar nicht so richtig sicher, aber dafür schon so richtig abbezahlt. Klassische «Cash-Cows» also, denen man gerne verzeiht, wenn mal ab und zu irgendeine rote Lampe blinkt.

Wirtschaftsminister Brüderle war vom «Energiekonzept» jedenfalls restlos begeistert.

Da seigd, wänn ma fänüfdig
midainandä susammmänabaeided,

**«Das zeigt, wenn man vernünftig
zusammenarbeitet,**

das dun wia, da griegän wia
guddä Ähgäbnissä,

**das tun wir, dann kriegen wir
gute Ergebnisse.**

Un das solldä ahllä
obdimisdisch schdimmä,

**Und das sollte alle optimistisch
stimmen,**

disä Räggirung is viehl bessä,
als manschä dängen.

**diese Regierung ist viel besser,
als manche denken.»**

Schlechter geht ja auch nicht. Falls Sie das eben zu schnell gelesen
haben: Mit «wir» meint der alte Silbenverschlucker «Union und FDP»,
und mit «gute Ergebnisse» meint er tatsächlich «gute Ergebnisse». Die
Kanzlerin stieß ins gleiche Horn. Wenn nicht sogar ins selbe:

> **«Das ist nicht mehr und nicht weniger als
> die Revolution in der Energieversorgung.»**
>
> ANGELA MERKEL, *Bundeskanzlerin*

Angela «Che» Merkel weiß, wovon sie spricht, wenn sie von Revolu-
tionen redet. Schließlich ist sie (kein Witz) am Abend der Maueröff-
nung erst mal in die Sauna gegangen. Dennoch ist ihr beim Satz mit der
«Revolution der Energieversorgung» damals ein kleiner Lapsus unter-
laufen. Korrekt wäre: «Revolution der Gewinnmaximierung». Der Rest
stimmt.

Was aber besonders schlimm war an der schwarz-gelben Energiepolitik: Sie hat einen gezwungen, einer Meinung mit Claudia Roth zu sein.
Und das geht eigentlich gar nicht.

> **«Diese Kanzlerin ist nicht Kanzlerin der BRD, sondern der Atomlobby.»**
>
> CLAUDIA ROTH, *Bundesvorsitzende Bündnis 90/Die Grünen*

Wo Atomstrom ist, da ist sein hässlicher kleiner Bruder nicht weit: der Atommüll. Und der muss ja irgendwann mal irgendwohin. Für den CSU-Mann Markus Söder steht die Entscheidung in Sachen Endlager längst fest:

> **«Gorleben ist unser Favorit, weil wir dort am weitesten vorangekommen sind.»**
>
> MARKUS SÖDER, *Staatsminister für Umwelt und Gesundheit*

Und was das Allerdufteste ist an Gorleben: Es ist so angenehm weit weg von Bayern. Historisch ist die 1977 gefallene Entscheidung für Gorleben sogar nachvollziehbar. Damals lag das Nest an der Grenze zur DDR. Im Zonenrandgebiet wohnten nur wenige Menschen, und mit etwas Glück hätte man die Kommunisten auf der anderen Seite vom Zaun gleich mitverstrahlt.

Wer konnte denn 1977 ahnen, dass Gorleben durch eine Verkettung unglücklicher Umstände mal an gar keiner Grenze mehr liegen würde? So was ist schlicht Pech.

Und die Bauern im Wendland sind wegen der Endlagersache seit über 30 Jahren schlecht gelaunt. Da kommt's auf ein paar mehr jetzt auch nicht an, sagen sich insbesondere die Ministerpräsidenten der unionsregierten Südländer. Auch wenn es bei ihnen zu Hause angeblich ein paar Orte gäbe, die rein geologisch betrachtet viel geeigneter für ein Endlager wären als Gorleben.

Vor allem Bayern und Hessen schlagen einen pfiffigen Kompromiss vor: Sie kriegen die aus Atomkraftwerken generierte Gewerbesteuer, und die Niedersachsen kriegen weiter den Müll. Klassische Win-win-Situation.

Die Endlagerfrage

Bis März 2011 galt die Atomkraft hierzulande als ziemlich saubere Sache, die sich bewährt hat. Das erste AKW ging in Deutschland ja schon 1962 ans Netz. Was für ein Jahr! Es gab kein Dschungelcamp und keine Schweinegrippe. Konrad Adenauer war Bundeskanzler, Sean Connery war James Bond, und Oliver Welke war noch Quark im Schaufenster.

Allerdings gibt es bis heute ein winziges Haar in der leckeren Kernsuppe: Weder Atomindustrie noch Politik haben es in über 50 Jahren geschafft, EIN EINZIGES funktionierendes Endlager oder auch nur ein Lagerungskonzept für Atommüll zu finden.

Also stehen die Tonnen mit dem strahlenden Zeugs in besseren Turnhallen direkt neben den Atomkraftwerken. Was Terrorpiloten vor eine schwierige Entscheidung stellt. Schmeißt man seine Bombe jetzt auf den Meiler oder auf die Turnhalle daneben?

Eine Zeitlang wurden die gelben Fässer auch gern in die «Asse» gekippt, eine einsturzgefährdete Schachtanlage in einem antiquarischen Salzstock. Lassen Sie es mich so ausdrücken: Wenn Sie den Atommüll einfach von einem geistig zurückgebliebenen Labrador im Garten vergraben lassen, wäre er vermutlich sicherer.

Ende 2010 haben die Betreiber der Asse mal einen Praktikanten runtergeschickt. Mal gucken, was die Atommüll-Fässer so machen. Und der hat dann später auf der Intensivstation erzählt, dass da anscheinend ein paar MEHR Fässer liegen als gedacht. Statt 1200 so um die 16 000. Kann passieren.

Anscheinend standen die 1200 so unglücklich vor den anderen 16 000, dass man die dahinter gar nicht richtig sehen konnte. Ach ja, und es steht irgendwelches Wasser im Stock. Aber jetzt wird die Asse angeblich saniert. Von der Atomindustrie. Kleiner Scherz. Vom Steuerzahler natürlich.

Atomprotest? Ja, bitte!

Kleines «Skandälchen» am Rande. Norbert Röttgen (Spitzname Muttis Liebling) war bei den Verhandlungen mit den Stromkonzernen zum Thema Laufzeitenverlängerung gar nicht dabei. Der Umweltminister! Böse Zungen hatten behauptet, der Mann sei vorübergehend entmachtet. Das ist natürlich Quatsch. Richtig ist: Röttgens Eier wurden im Salzstock Asse zwischengelagert. Mit dem Beginn des «Moratoriums» (lateinisch für: «Schwarz-Gelb dreht sich in der Atomfrage um 180 Grad, um nicht noch mehr Landtagswahlen zu vergeigen») durfte er die Testikel wieder am Körper tragen.

Die schwarz-gelbe Energiepolitik hatte allerlei verblüffende Nebenwirkungen. So auch das Comeback der eigentlich längst mumifizierten Anti-AKW-Bewegung. Wie oft mussten sich junge Menschen von heute anhören, wie das damals war, als die Oma sich vor Wackersdorf mit dem «Schweinesystem» angelegt hat! Viele aktuell 20-Jährige sind ja in ihrem ganzen armseligen Leben noch nie von einem Wasserwerfer weggepustet worden.

Lutz van der Horst auf der AKW-Demo in Berlin

Lutz van der Horst zum Beispiel hat wegen seiner absurd späten Geburt die legendären AKW-Demos komplett verpasst. Im original «Eighties»-Outfit stürzt er sich nun ins Berliner Demo-Getümmel. Doch Schlagstöcke und berittene Polizei lassen auf sich warten.

Vor der Berliner FDP-Zentrale kettet sich der frustrierte «heute show»-Reporter schließlich an und gelobt, nicht eher wegzugehen, bis Guido Westerwelle ihn persönlich verprügelt hat. Van der Horst lebt drei Tage von dem, was andere Demonstranten beim Essen fallen lassen, bevor er vom Sperrmüllwagen mitgenommen wird.

Dafür werden die Castor-Demos endlich wieder ein voller Erfolg. 50 000 Menschen versammeln sich im Wendland. Senioren, Kinder, Haustiere. Im Gegensatz zu den wilden Achtzigern ist Demonstrieren heute nämlich ein Event, ein Spaß für die GANZE Familie.

heute show   Lutz van der Horst

Luxury meets *Family*

welcome to
castor-country!

Der Himmel auf Schienen trägt einen Namen:
«wendland outdoor day spa»!

Von tantrischer Klangmassage bis zu kalten Stirngüssen
mit wohltuendem Lavendelduft – die freundliche Hundertschaft
des «wendland outdoor day spa» stellt Ihnen gerne
Ihr persönliches Wohlfühlpaket zusammen.

Ob Tae-Bo, Nordic Walking oder Fitness mit dem Personal
Trainer, entfliehen Sie dem Alltag und sichern Sie sich jetzt
die letzten Isomatten für den nächsten Demo-Gig.

come to castor-country,
come to where the demo is!

Brückentechnologie

Die Ereignisse in Fukushima haben, in Kombination mit dem Machtverlust in Baden-Württemberg, selbst hartgesottene Atomkraftbefürworter in der CDU nachdenklich gestimmt. Verständlich, denn selbst oberfränkische Hinterwäldler ohne Internetanschluss lassen sich seitdem keinen mehr von der sicheren Kernkraft erzählen.

Leider wird es noch ein paar Jahre dauern, bis Schleswig-Holstein komplett mit Windrädern vollgestellt ist, und bis dahin müssen wir wohl noch mit der Atomenergie leben.

In Deutschland gibt es zwar keine Tsunamis, aber die sind auch gar nicht nötig. Mindestens vier der deutschen Atomkraftwerke würden nicht mal den Absturz eines Sportflugzeugs überstehen. Genau, diese kleinen Dinger, mit denen besoffene Zahnärzte ihre Sekretärin nach Sylt fliegen. Für das eine oder andere alte «Schätzchen» wird es schon eng, wenn ein Storch aus großer Höhe direkt auf den Meiler kackt.

Tina Hausten vor der Brücke ins Zeitalter der erneuerbaren Energien. «Das wird so schön, wenn wir erst da sind!»

Vom Faktor «menschliches Versagen» ganz abgesehen. Nur mal zwei besonders bedrückende Beispiele:

1975: Im Kernkraftwerk Greifswald will ein Elektriker einem Lehrling zeigen, wie man Schaltkreise überbrückt. Dabei löst er versehentlich einen Kabelbrand aus und zerstört die Stromversorgung für die Kühlpumpen. Eine Kernschmelze kann im letzten Moment verhindert werden.

16. Dezember 1987, Biblis, Block A: Ein Ventil im Reaktorkreislauf klemmt. Eine Warnlampe beginnt zu leuchten. Sie wird 15 Stunden lang vom Wachpersonal ignoriert. Die Techniker glauben, die Lampe sei defekt. 107 Liter radioaktives Kühlwasser laufen aus.

Der Faktor «Mensch» lässt sich eben nie ganz ausschalten. AKWs schon. Und deshalb sollten wir das auch so schnell wie möglich machen. Aber wann genau ?

Die Brücke ins Zeitalter der erneuerbaren Energien

CDU und FDP haben uns immer erzählt: Abschalten, das geht FRÜHESTENS in 30 Jahren. Am 15. März 2011, vier Tage nach der Katastrophe von Fukushima, haben sie diese Angaben dann leicht korrigiert, und zwar im Fall der «Schrottmeiler» auf: jetzt sofort.

Es ist immer wieder erstaunlich, wie bevorstehende Wahlen die Perspektive verändern können.

> **«Wir werden diese drei Monate nutzen, um in Deutschland eine ehrliche Energiediskussion auf den Plan zu bringen, denn daran mangelt es bis heute.»**
>
> ANGELA MERKEL, *Bundeskanzlerin*

Sehr gut! Endlich eine EHRLICHE Energiediskussion! Wann hätte ein deutscher Politiker jemals so offen zugegeben, dass er bis vor kurzem noch total verlogen über ein existenzielles Thema diskutiert hat! Bravo! ... Bitte? Ach so, sie meinte damit gar nicht sich selbst? Schade.

Das Ende vom Lied: Deutschland steigt aus. Endgültig. Und falls es nach dem Ausstieg doch zu Strom-Engpässen kommt, können wir ja immer noch Atomstrom aus den Nachbarländern importieren.

Die letzte Anti-Atomkraft-Demo

«Eine bedrohte Spezies: die letzten lebenden Wackersdorf-Veteranen.

Tut mir leid, Leute, aber die Party ist vorbei – es gibt keine
Anti-Atom-Demos mehr! Ihr müsst jetzt doch arbeiten gehen!

Ach komm, weil ihr's seid. Einmal noch. Um der alten Zeiten willen!

Tschauiii! Kommt gut nach Hause!»

DEUTSCHLANDS SCHÖNSTE PARTEIEN
....

Die SPD

Die Sozialdemokratische Partei Deutschlands ist eine kleine gemütliche Volkspartei. Alle essen gerne Bratwürstchen zum Beispiel oder finden die Westbury-Kollektion von C&A gar nicht mal so unflott. Mit den Genossen in der SPD kann man viel Spaß haben, jeder duzt den anderen dort und redet einen sofort mit Artikel an. Du bist dann «die Ingrid» oder «der Helmut» und in einer ganz tollen Gemeinschaft zu Hause – die nennt sich Ortsverein. Da trifft man sich einmal in der Woche und redet über soziale Gerechtigkeit oder dass die Grünphasen der Ampeln zu kurz sind für ältere Mitbürger, also für alle im Ortsverein. Der 1. Mai ist der Nationalfeiertag der SPD, eigentlich der Arbeiterklasse, aber die gibt's ja gar nicht mehr. Die SPD und ihr bewaffneter Arm, der DGB, treffen sich dann in jeder Stadt auf dem Marktplatz. Dort gibt es Bratwürste und Bier. Auf einer Bühne steht ein Mann, den die meisten aus dem Fernsehen kennen, und erzählt neue Geschichten zur sozialen Gerechtigkeit. Immer wenn die Worte «Krankenschwester» oder «Dachdecker» fallen, klatschen alle ganz laut. Wenn der Mann fertig ist, betreten sechs Berufsschullehrer Ende fünfzig die Bühne, die nennen sich zum Beispiel «New Brunswick Kraut Stompers» und spielen ganz laut «Icecream», später auch noch die Internationale zum Mitschunkeln. Bei so einer Bombenstimmung schmeckt die Bratwurst noch mal so gut, alle freuen sich ganz doll. Aber es ist ja nicht immer 1. Mai, manchmal gibt's auch eine Demo von ver.di. Weil das auch Genossen sind, muss man sich da blickenlassen. Dazu braucht man eine Mülltüte, da schneidet man Löcher für Kopf und Ärmel rein und zieht sie sich über den Pullover. Dann muss man sich noch eine Trillerpfeife besorgen und ist an sich schon komplett ausgerüstet. Manche haben aber auch Sprüche gedichtet und halten die an Brettern in die Luft für die Tagesthemen. Da steht dann meinetwegen drauf: «Wir sind es endlich leid, sofort her mit der sozialen Gerechtigkeit», oder auch mal ganz konkret: «Kurze Grünphasen sind Massenmord an uns Senioren». Diese Demos sind immer ein tolles Gemeinschaftserlebnis, noch schöner ist nur ein Streik. Weil fast alle SPD-Mitglieder im öffentlichen Dienst sind, können sie problemlos streiken, denn ihr Arbeitgeber ist auch in der SPD. Früher waren auch noch junge Leute in der Partei, die wollten immer alles verändern. Das ist seit einigen Jahren nicht mehr so schlimm, heute sind fast alle im Ruhestand, und man hat viele gemeinsame Themen, nicht immer nur Politik, Wohnmobile zum Beispiel oder auch günstige Kreuzfahrten. Die SPD ist wie eine große Familie, es gibt schöne Ausflüge und auch mal einen Basar. Wenn Wahlen sind, müssen alle mit ran. Dann wird ein Tapeziertisch in der Fußgängerzone aufgebaut, wo sich die Menschen neue Kugelschreiber abholen können. Dabei kann man sie in ein Gespräch über soziale Gerechtigkeit verwickeln und sagen, dass der Mann auf dem Plakat sich dafür einsetzt, wenn man den wählt. Wahlen sind immer sehr spannend, da trifft man sich schon um fünf Uhr nachmittags im Büro vom Ortsverein oder in einer Gaststätte. Alle gucken dann Fernsehen zusammen, wie die Wahlberichterstattung und die Lindenstraße. Die guckt sowieso jeder, weil Sigmar Gabriel und Andrea Nahles die Drehbücher dazu schreiben. An solchen schönen Abenden gibt es oft Nudelsalat. Insgesamt, muss man sagen, ist die SPD eine sehr schöne Partei, in der man alt werden kann. Mit etwas Glück ergattert man sogar noch einen feinen Posten irgendwo bei den städtischen Abwasserbetrieben. Und wenn man tot ist, bezahlt die Partei sogar eine sehr schmucke Anzeige, die gar nicht mal so klein ist.

(Dietmar Wischmeyer)

Quatsch mit Sozen

Die Krise der SPD

Wer sich mit der SPD beschäftigt, sollte zunächst klären, was diese Partei alles NICHT ist. Leiten wir die Frage gleich mal weiter an einen ehemaligen Kanzlerkandidaten.

> **«Die SPD ist nicht das alte Möbelstück, das man in der politischen Landschaft mal hierhin, mal dorthin schieben kann.»**
>
> FRANK-WALTER STEINMEIER, *SPD-Fraktionsvorsitzender*

Völlig richtig, was der Frank-Walter da sagt. Die SPD ist kein altes Möbelstück! Man kann der SPD der letzten Jahre alles Mögliche vorwerfen, aber das nicht!

Allerdings hat auch noch nie einer behauptet, die SPD sei ein altes Möbelstück. Und die wenigsten haben versucht, sie mal hierhin oder mal dorthin zu schieben. Trotzdem gut, dass der Frank-Walter das mal unmissverständlich klargemacht hat.

Ein tendenziell eher leiser Mensch, der, wenn er mal laut wird, EXAKT wie Gerhard Schröder klingt. Und dann kriegt man kurz Angst. Völlig unbegründet, denn der Frank-Walter ist eigentlich ein ganz Lieber.

Er war halt 2009 der falsche Mann am falschen Platz. Der Prellbock, der Prügelknabe, die arme Sau, der die Agendapolitik in die Fresse geflogen ist. Bei der Bundestagswahl bekam er die Quittung für die Agenda 2010. Schon verrückt, da hat die gute, alte, demente Tante SPD mal EINE moderne Idee, und dann kommt so was dabei raus.

Dabei lässt sich heute gar nicht mehr bestreiten, dass Schröders Arbeitsmarktreformen was gebracht haben. Sicher, sie haben nicht (wie versprochen) die Zahl der Arbeitslosen halbiert, aber dafür die Zahl der SPD-Mitglieder! Das ist doch besser als nichts. Und wenn Friseurinnen in Leipzig für 1,90 Euro die Stunde arbeiten, dann ist das eben AUCH der Agenda zu verdanken.

Und dennoch: Niederschmetternde 23 Prozent für die SPD bei der letzten Bundestagswahl. Oder wie es der Vorsitzende so treffend ausgedrückt hat:

> **«Zerrissenheit, Flügelkämpfe. Agonie und Apathie. Die medialen Hellseher schwanken in ihren Prognosen zwischen Mauerblümchendasein und Müllhaufen der Geschichte.»**
>
> SIGMAR GABRIEL, *SPD-Parteivorsitzender*

Und damit hatten sie verflucht recht, die Herren Hellseher. Wie die Überlebenden eines Flugzeugabsturzes, so brauchten auch die blamierten Sozialdemokraten mehrere Monate, um ihr Trauma abzuschütteln. Und wer konnte die Geprügelten herausführen aus dem Tal der Tränen? Im Oktober 2009 rangierte «SPD-Vorsitzender» in der Hitliste der unpopulärsten Berufe kurz hinter «Crash Test Dummy» und knapp vor «staatlich geprüfter Eselsschänder».

Doch dann kam er. Der Messias.

Oder wie seine Freunde ihn nennen: der Massias.

Sigmar Gabriel. Ausgerechnet. Immer ein bisschen zu laut, polterig, mit Tendenz zu peinlich. An seinen guten Tagen. Er sollte nun die verkohlten Kastanien aus dem Feuer holen. Warum Gabriel? Weil es außer ihm keiner mehr machen wollte. (Außer Wowereit, aber SO verzweifelt war die SPD nun auch wieder nicht.)

Richten wir den Blick nach vorn. Längst trauen sich einzelne SPD-Mitglieder wieder auf die Straße. Manche sogar ohne Papiertüte überm Kopf.

Zu Recht. Das Selbstvertrauen kehrte langsam zurück. Mit der Betonung auf langsam.

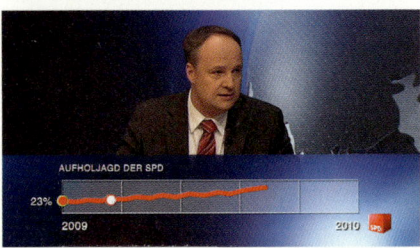

23 Prozent, das war die Wahl 2009, der Crash, das Trauma. Dann wird Gabriel Vorsitzender, und prompt gehen die Umfragewerte …

Nee, doch nicht, die bleiben mies. Dann jedoch kommt langsam Bewegung in die Sache, und man steigert sich bis zum November 2010 auf …

… 23 Prozent.

Eins ist sicher: Gabriel will an die Macht. Zur Not auch mit der SPD. Da heißt es keine Angst zeigen, schon gar nicht vor diesen halbstarken Grünen.

> «Wir werden zeigen, dass nicht wir uns ändern müssen, um mit denen regieren zu wollen, sondern dass die ganz viel an sich arbeiten müssen, um mit uns regieren zu dürfen!»
>
> SIGMAR GABRIEL, *SPD-Parteivorsitzender*

Ich mach mir die Welt, widdewiddewie sie mir gefällt! Ist Siggi Langstrumpf der nächste SPD-Kanzlerkandidat? Und müssen wir uns dann alle warm anziehen?

Sigmar Gabriel

Auf dem Rücksitz einer Ingolstädter Oberklasse-Limousine hockt ein Parteivorsitzender und schnarcht. Bei der Limousine handelt es sich um einen Audi A8 mit 250 PS, bei dem Parteivorsitzenden um einen SPD-Mann mit einem Arsch voller Probleme. Er kann sich das Nickerchen eigentlich gar nicht leisten. Der Seeheimer Kreis hatte auf seiner letzten Spargelfahrt ein Gegenpapier zu seinem Papier «Umverteilung für alle» verteilt. In Wahrheit ging es denen in ihrem Papier allerdings um die Durchsetzung ihres Kandidaten bei der Besetzung der Kommission. Das Papier «Gemeinsam für ein gemeinsames Europa» war auch so eine Schweinerei gewesen. Gut, daraufhin hatte er sein Strategiepapier «Angriffsziel soziale Gerechtigkeit» zwei Wochen früher an die Presse lanciert, bevor die anderen überhaupt gemerkt hatten, dass er daran arbeitet. Die Fraktion hatte getobt und ihrerseits mit einem Papier gedroht, aber solange das Willy-Brandt-Haus hinter ihm stünde, konnten ihm die Pissetrinker mal den Hobel durchpusten.

Es ging darum, Themen zu besetzen, bevor sie ein Thema waren, um nichts anderes ging es in diesem Geschäft. Niemand wusste das so gut wie er, aber man musste die Partei auf den Weg dorthin mitnehmen, notfalls gegen ihren Willen. In der Programmfindungskommission zum Grundwertepapier «Miteinander, füreinander», aufgrund der feuchtfröhlichen Kommissionssitzungen auch «Übereinander, ineinander» genannt, hatte er bereits knallhart darauf hingewiesen, dass es ein Füreinander nur geben kann, wenn das Miteinander vorher geklärt ist, meine Damen und Herren. Frenetischer Beifall von allen Rängen, sogar die von der Gegenseite hatten höflich applaudiert. Sein Redebeitrag hatte eingeschlagen wie eine Bombe, selbst in Brüssel waren die Erschütterungen noch zu spüren gewesen. In der Fraktion herrschte dagegen eisiges Schweigen, heimlich arbeiteten einige Genossen längst eine Gegenposition aus, in der das Primat des Miteinanders im Füreinander kritisch hinterfragt würde und damit das ganze Gebäude der sozialen Umverteilung für alle ad absurdum führte. Blöde Arschmaden, verdammte, da müssten noch einige Köpfe rollen bis zum Parteitag. Wenn wenigstens der erweiterte Vorstand seinem Antrag auf Aussetzung der Forderung nach Entfristung der Verlängerung zugestimmt hätte. Aber nein, diese verblödeten Parteihengste hatten ja keine Ahnung, was draußen im Lande überhaupt vor sich ging.

Überhaupt «Frau», wenn er das schon hörte, wurde ihm regelrecht schlecht. Noch so ein Papier aus der Richtung, und er würde sich schwer überlegen, ob an der Landesliste nicht noch gefeilt werden müsste. Schließlich war noch nicht geklärt, ob die Migranten auf das Konto der Frauen oder das der Männer angerechnet würden. Ein Superschlauer hatte in der Kommission gesagt neulich, es käme eben drauf an, welchen Geschlechts die Migranten wären. Oh Gott, wie naiv diese Trottel waren, es war regelrecht zum Kotzen. Manchmal wollte er einfach gar keine Menschen mehr sehen, schön zu Hause sitzen und in Ruhe an einem Papier feilen, ab und zu die «Bild» anrufen, ein Thema besetzen und fertig.

Aber dafür ist jetzt keine Zeit. Sein Fahrer hat den Motor abgestellt, Sigmar Gabriel ist aufgewacht. Seitdem er Vorsitzender der Sozialdemokratischen Partei Deutschlands ist, konnte er nur noch bei laufendem Motor in seinem Dienstwagen schlafen. Er brauchte wenigstens im Schlaf das Gefühl, dass sich irgendetwas bewegte in seinem Leben.

(Dietmar Wischmeyer)

2013 soll es spätestens so weit sein. Eine Bundesregierung unter SPD-Führung. Wie schafft man das? Sich nur auf gefälschte Doktorarbeiten der Konkurrenz zu verlassen, wäre wohl zu wenig.

Die SPD will einmal mehr «die Mitte» für sich gewinnen. Problem: Alle anderen sind auch scharf auf «die Mitte». Was erstaunlich ist, weil keine Sau weiß, wer oder was «die Mitte» eigentlich ist. Entsprechend schwammig klingt auch die aktuelle SPD-Strategie:

> **«Deswegen lasst uns einen Wahlkampf engagiert führen, wo wir nicht sagen: Wir machen nicht alles anders, aber das meiste besser.»**
>
> SIGMAR GABRIEL, *SPD-Parteivorsitzender*

Man könnte nicht nicht sagen, dass man den Satz eben nicht verstanden hätte. Man könnte aber auch nicht das Gegenteil nicht behaupten.

Halten wir uns also lieber an die jüngsten SPD-Erfolgsgeschichten. In Hamburg, aber auch in NRW. Dort basierte der SPD-Wahlkampf in erster Linie nicht auf Ideologie, sondern auf simplen Botschaften. Auf Botschaften, die garantiert NIEMANDEN intellektuell ausschließen.

Und wenn die Union mit der «Mutti-Tour» punkten kann, dann können die Sozen das allemal. Hannelore Kraft hat gleich im ersten Anlauf den «Arbeiterführer» Jürgen Rüttgers in Rente geschickt. Allein das sollte man ihr hoch anrechnen. Krafts Plus: dieser spezielle Mutter-Bei-mer-Charme. Ihr Minus: eine kleine Rechenschwäche bei der Haushaltsführung. Die Frau macht einfach für ihr Leben gern Schulden. Aber jeder hat schließlich seine Hobbys.

Landrat Erich Pipa aus dem Main-Kinzig-Kreis geht auf Nummer sicher. Er will wiederge-wählt werden, und damit das klappt, steht auf dem gesamten Wahlplakat nirgendwo «SPD». Clever!

Carsten van Ryssen beim SPD-Parteitag in Düsseldorf

Hier in Düsseldorf feiert Hannelore Kraft das Frühlingsfest der Volkspartei.

Hannelore Kraft ist eine tolle Frau. Hannelore muss es werden, sonst gehen wir im Chaos unter.

Ich muss ganz ehrlich sagen, das Programm interessiert uns gar nicht.

Dafür lohnt es sich zu kämpfen.

Hannelore Kraft. Ein bisschen menschlich sieht sie aus. Nicht so geschminkt und so weiter.

Das ist nicht meine Musik. Ist mir zu laut.

Das «heute show»-Wahlstudio

Die großen Volksparteien, hier dargestellt durch zwei Praktikanten in albernen Schaumstoffkostümen, schenken sich nichts.

Lexikon
Hochdeutsch – Ruhrpott, Ruhrpott – Hochdeutsch

«Liebe Bürgerinnen und Bürger, ich möchte gern, dass NRW wieder erfolgreicher, gerechter und sozialer wird. Das heißt für mich, wir fangen bei den Kindern an. Wir dürfen kein Kind mehr zurücklassen!»

HANNELORE KRAFT
Hochdeutsch

«Getz passt ma auf, ihr Passe-lacken! Wat ich will, dat is, dat der ganze Bumms hier, wie wir hier sitzen, 'nen Satz nach oben macht, dat euch Kapeiken die Fliesen vonne Wände knallen. Getz reden we ma Tantalus: Dat fängt mit de Blagen an! Bei mir bleibt kein Köttel auffe Strecke, ob dat wohl klar is?! Ob dat klar is, ihr Kuffjucken??!»

HANNELORE KRAFT
Ruhrpott

Der «heute» show»-Service

Tina Hausten übersetzt Hannelore Krafts Wahlkampfreden in die Gebärdensprache

Ich mach mir halt große Sorgen um die Stabilität unserer Währung, denn die Griechen sind ja mit uns im Euroraum.

Und daraus ergeben sich Handlungsnotwendigkeiten. Ich würde dann allerdings genauer hinschauen,

wer am Ende die Zeche bezahlt,

wenn dort Hilfen geleistet werden. Denn die Banken sind mal wieder in der Zockerei

zum zweiten Mal mittendrin gewesen, sie haben gut daran verdient, und ich finde, wenn es Unterstützungsleistungen

für Griechenland gibt, dann unter ganz harten Bedingungen, und dann müssen sich auch diejenigen beteiligen,

die daran im Vorfeld verdient haben.

Keine Frage: NRW war mindestens ein Erfölgchen für die SPD. Und dann folgte sogar ein waschechter Erfolg: die absolute Mehrheit in Hamburg. Noch süßer schmeckten nur die 21 Prozent Verlust für die CDU. Wie war das möglich? Wer ist der Teufelskerl, der das geschafft hat?

Es ist Olaf Scholz, der bis dato nie mit seinen Erfolgen angegeben hatte. Unter anderem, weil es keine gab. Außer in Hamburg, wo ihm die «medialen Hellseher» schon vor der Wahl 46 Prozent prophezeit hatten. Und zwar zu seiner eigenen Verblüffung.

> **«46 Prozent, das ist eine große Zahl,**
> **wenn man sich gut auskennt.»**
>
> OLAF SCHOLZ, *Erster Bürgermeister von Hamburg*

Und sogar eine unfassbar große Zahl, wenn man in der SPD ist. Am Ende waren es sogar satte 48,3 Prozent. Noch mal: für die SPD! 48,3! Eine Zahl, die Sozialdemokraten sonst nur von Spirituosen kennen.

Wofür aber steht dieser Scholz, dieses neue rote Idol? Er war angeblich mal Arbeitsminister, aber wer erinnert sich schon an Arbeitsminister?

Bei allem Respekt: Selbst seine Fans nennen Scholz «einen der langweiligsten Menschen, die je gelebt haben!».

Wenn Scholz redet, ratzen sogar Immobilien weg.

Deutsche Helden

Olaf Scholz

«Guten Morgen, Erster Bürgermeister der Freien und Hanse-stadt Hamburg», weckte seine Frau Britta den Ersten Bür-germeister der Freien und Hansestadt Hamburg. Früher hatte sie immer nur «Ey, Scholz, aufstehen!» gerufen. Überhaupt hatten ihn alle, seit er zurückdenken konnte, immer nur «Ey, Scholz» genannt. «Ey, Scholz, hol mal Bier vom Kiosk», hieß es während sei-nes Studiums, «ey, Scholz, du machst jetzt mal den Generalsekretär», hatte Gerhard Schröder ihn am Telefon angeblafft. Und stets hatte Eyscholz das getan, was man von ihm verlangte. Er hatte nie gelacht, denn er hatte nichts zu lachen, er war ja nur der Eyscholz.

Doch über Nacht war alles anders geworden. Eyscholz war jetzt nicht mehr der alte Eyscholz von früher, den man überall rumschub-sen konnte und der sich nie beschwerte. Er war jetzt Erster Bürger-meister der Freien und Hansestadt Hamburg, und was noch viel wich-tiger war: Eyscholz war Mister Fiftypercent, und das war verdammt noch mal schweinesexy. Er spürte schon am Wahlabend, wie ihn die Frauen seiner Umgebung mit ganz anderen Augen ansahen, es war dieser «Eyscholz-ich will-ein-Kind-von-dir-Blick» – sorry, der «Hal-lo-Olaf-ich-will-ein-Kind-von-dir-Blick». Aus der lächerlichen Figur der rot-grünen Jahre war plötzlich eine erotische Vergeltungswaffe geworden.

Sein reduziertes Mienenspiel, die Tatsache, dass er selten lachte, ließ die Leute ihn ab jetzt nicht mehr den Scholzomaten nennen, son-dern mit Clint Eastwood vergleichen. Big Scholz war nun der coole Cowboy aus Altona, der Vollstrecker, der, ohne mit der Wimper zu zucken, die CDU besiegt und gedemütigt hatte. Was sahen sie plötz-lich alle klein und lächerlich aus gegen ihn: Siggi Gabriel, der Markt-schreier aus Goslar, Wowereit, der ölige Karussellbremser aus Berlin, Andrea Nahles, hahahaha – in der Sozialdemokratie war eine neue Zeit angebrochen. Das Traumpaar hieß Manuela Schwesig und Big Olaf Scholz – die Schöne und der Vollstrecker. Es wurde Zeit, unten vor dem Haus in Hamburg-Altona wartete bereits der Dienstwagen.

Es ging ins Willy-Brandt-Haus nach Berlin, um die Glückwünsche der Partei entgegenzunehmen, 10 Uhr 30 war Termin mit Vorstand und Presse. Er wusste genau, dass Siggi, dieser durchtriebene Schweinepriester, die Presse schon für 10 Uhr bestellen würde, um den Hamburger Erfolg für sich zu reklamieren. Wenn er, Olaf, dazukäme, hätten die Pressefuzzis schon an der Häppchentheke angedockt, und er könnte froh sein, wenn sie ihn überhaupt noch fotografierten. Doch Big Olaf hatte vorgesorgt, um Punkt 9 Uhr 45 hielt sein Dienst-Mercedes vor dem Willy-Brandt-Haus, 9 Uhr 48 betrat Big Olaf das Foyer, 9 Uhr 50 baute sich Olaf, der einsame Sieger, vor der Interviewwand am Rednerpult auf. 9 Uhr 55 betrat der Parteivorsitzende Sigmar Gabriel das Haus: «Eyscholz, schon hier!», entfuhr es dem kreidebleichen Popbeauftragten. Was Gabriel nicht wusste, aber hätte wissen müssen: Der da vor ihm stand, war nicht mehr der alte Eyscholz von früher, sondern Big Olaf, Mister Fiftypercent, der Rächer der sozialdemokratischen Ehre.

Dieses eine ihm in der Überraschung entglittene «Eyscholz» sollte Sigmar Gabriel später noch bitter bereuen.

(Dietmar Wischmeyer)

Doch selbst ein so strahlender Sieg wie der von Scholz hat seine Schattenseiten. Der alte SPD-Richtungsstreit ist zurück. Der rechte Flügel sieht sich im Aufwind, weil Scholz angeblich für eine wirtschaftsfreundliche Politik steht. (Dabei steht der für gar keine Politik.)

Der linke Flügel steht seitdem unter Druck. Hatte man die doofe Schröder-Agenda nicht gerade erst beerdigt? Und hinterher feierlich aufs Grab gespuckt? Aber natürlich haben auch die Linken in der SPD ihre Hoffnungsträger. Genossen, die sinngemäß sagen: «Na klar wimmelt's in der Linkspartei von Quartalsirren und DDR-Nostalgikern. Aber das ist doch lange noch kein Grund, nicht mit denen zu regieren.»

Genossen wie Klaus Wowereit eben.

DEUTSCHE HELDEN

Klaus Wowereit

Sonnabendvormittag in Berlin, Klaus Wowereit sitzt mit seinem iPad auf dem Schoß in einem Charlottenburger Café. Er hat gerade seine Lieblingsseite aufgerufen: WeWeWe Klaus Minus Wowereit Punkt De Eh, eine Hammerseite! Ganz oben steht gleich ein Bild von Klaus Wowereit und dadrunter ganz viel, was Klaus Wowereit alles so meint und findet, hauptsächlich zu Berlin, aber auch zu Deutschland und so. Klaus Wowereit nippt am zweiten Latte des Tages. Eine rumänische Bettlerin spielt auf einer Karpaten-Zimbel Weisen aus dem Land ihrer toten Väter. Dazu tanzt ein kleiner Waschbär einen traurigen Csárdás. Klaus Wowereit hat sich in diesem Moment aufs Neue in seine Stadt verliebt. Im Hintergrund hört man eine S-Bahn entgleisen, soll noch einer sagen, die fahren gar nicht mehr – alles Propaganda. Drei Transferleistungsempfänger schlurfen noch müde von der durchzechten Nacht vorüber. «Ey, Wowi, jibste eenen aus, icke wähl dir ooch», sagt einer. Klaus Wowereit wirft ihm sein halbverzehrtes Parmaschinken-Croissant rüber. Das ist sein Berlin. Hautnah. Konsequent. Ehrlich. In den Schlaglöchern auf der Chaussee, noch randvoll vom Regen des frühen Morgens, badet eine Ratte ihre Jungen. Auch ihr wirft Klaus Wowereit ein Parma-Croissant rüber. Er will Regierender Bürgermeister für alle Berliner sein. «Regierender Bürgermeister», das ist überhaupt der Witz des Jahrhunderts. Ausgerechnet das Oberhaupt der unregierbarsten Stadt Deutschlands heißt so. Klaus Wowereit ist es nur recht, denn er hat zum Regieren eh keine Lust. Wo keine Lösung ist, da droht auch keine Arbeit. Er bestellt noch einen Latte, dazu etwas Konfekt. In der Straße vor dem Café baut ein Filmteam seine Gerätschaften auf, irgendeine Nazi-Klamotte, die zu 99 % in Tschechien gedreht wird. Aber wegen der Filmförderung, na ja, ist ja auch egal. Ein tiefergelegter Fünfer-BMW rast in die Filmcrew hinein – der Fahrerin ist die Burka über die Augen gerutscht. Das ist sein Berlin, immer in Bewegung, nie langweilig! Ein uralter Mann torkelt aus der Paris Bar, vor gefühlten fünfzig Jahren hat er mal die ZDF-Drehscheibe moderiert, glaubt

Klaus Wowereit jedenfalls sich zu erinnern. Sein Berlin ist aber auch eine junge Stadt, ein Magnet für die Jugend der Welt. Klaus Wowereit findet es ganz toll, dass sich auch eine Gruppe behinderter junger Schwarzafrikaner an dem Günter-Pfitzmann-Look-alike-Casting auf dem ehemaligen Flughafen Tempelhof beteiligt hat. Das war seine Idee: einen Flughafen in eine Event-Location umzuwandeln. Tempo 30 bei der S-Bahn war auch seine Idee, da schäumten die Grünen vor Neid. Sein Berlin! Das war sein Werk! Wowiwostok, das Schaufenster des Ostens. Klaus Wowereit winkt die illegale nigerianische Servierkraft heran und steckt ihr einen 50-Euro-Schein in die Gesäßtasche. Wenn Gabriel heute Nachmittag anrufen würde, um ihn jetzt endgültig zu fragen, ob er Kanzlerkandidat der SPD werden wolle, dann würde ER, Klaus Wowereit, antworten: «Schieb sie dir sonst wohin, deine Kanzlerschaft, Siggi, ich bin Klaus Wowereit.»

(Dietmar Wischmeyer)

Noch ist völlig offen, welcher SPD-Flügel bis 2013 die Oberhand gewinnt. Wer geht ins Rennen ums Kanzleramt? Siggi Langstrumpf himself? Steinmeier oder doch Wowi? Dabei sollte es die Hamburg-Wahl dem letzten klargemacht haben: Die Deutschen wollen keine Aufregung im Wahlkampf. Sie lieben Kandidaten, die ihre Emotionen im Griff haben und möglichst nie die Stimme erheben. Olaf, übernehmen Sie!

Erinnern wir uns wehmütig zurück an das Deutschland vor der Globalisierung. Als noch nicht alles mit allem zusammenhing. Als sich deutsche Sparer nicht zwangsläufig um ihr Vermögen sorgen mussten, nur weil am anderen Ende der Welt ein paar Wall-Street-Arschlöcher mal wieder ihre Immobilienblase platzen lassen.

Natürlich kann man die Zeit des deutschen Wirtschaftswunders nicht mit der heutigen vergleichen. Damals basierten Volkswirtschaften noch darauf, dass findige Unternehmer Waren hergestellt haben, die tatsächlich jemand brauchte. Wer reich werden wollte, musste tatsächlich irgendetwas herstellen. Heute reicht es ja völlig, einen weiteren Hedgefonds zu gründen oder mit Derivaten darauf zu wetten, dass der Euro demnächst ganz abnippelt. Man verdient mit rein virtuellen Produkten richtiges Geld, und das im Prinzip ohne Risiko, weil im Ernstfall natürlich der bekloppte Steuerzahler die Zeche zahlt.

Leider häufen sich die Ernstfälle. Mal verzocken sich die Amis, mal die Griechen, irgendwas ist immer. In ein paar Jahren reicht wahrscheinlich schon die Pleite eines einzelnen chinesischen Fahrradgeschäftes, um die Weltwirtschaft kaputt zu kriegen. Auf- und Abschwünge geben sich die Klinke in die Hand. 2008 war von der schwersten Wirtschaftskrise seit Erfindung der Wirtschaft (beziehungsweise der Krise) die Rede. Auch deutsche Politiker schworen ihre Untertanen auf ein jahrelanges Tal der Tränen ein.

Gefühlte fünf Minuten später verkündete ein Mann namens Rainer Brüderle den «Aufschwung». Ja, wie denn jetzt? Sind wir nun pleite oder doch reich wie die Schweine? Schwer zu sagen. Denn der Aufschwung von heute hat eine unangenehme Eigenschaft: Er kommt bei den meisten Menschen gar nicht mehr an. Zumindest nicht zählbar. Wenn man wissen will, ob gerade Krise oder Aufschwung ist, bringt es also wenig, ins eigene Portemonnaie zu schauen. Oft hilft ein Blick auf den Fuhrpark des Kieferchirurgen nebenan. Wenn dessen Tochter nur einen gebrauchten Geländewagen zur Volljährigkeit kriegt, ist vermutlich gerade Krise.

Hör mal, was da brummt
Die deutsche Wirtschaft dreht auf

Vier kleine, lustige Männchen feiern den Aufschwung.

Uns ökonomischen Laien ist der Begriff «Aufschwung» vor allem noch als besonders schmerzhafter Bestandteil des Turnunterrichts geläufig. Bilder tauchen auf von verschrammten Schienbeinen und geprellten Genitalien. Eine einzige Demütigung, nur noch zu toppen, indem der extrem behaarte Sportlehrer einem vor der grinsenden Klasse seine sogenannte «Hilfestellung» angedeihen ließ. Ein unförmiger Sack wurde dann quiekend und schwitzend über eine Stange gewuchtet.

Doch wir kommen vom Thema ab. In Wirtschaft und Politik ist «Aufschwung» natürlich positiv besetzt. Weil man sich so schön dafür feiern kann. Merke: Krisen sind im Grunde wie Naturkatastrophen. Da kann keiner was dafür. Man verklagt ja auch keinen Tsunami.

Aufschwünge hingegen sind IMMER ein Verdienst der zuständigen Bundesregierung. Einfach mal zuzugeben, dass in der globalisierten Welt ALLES nur noch von absurden Zufällen abhängt, würde die Wähler auch nur unnötig verwirren. Daher lautet das Motto: Genieß den Aufschwung, solange er dauert. Paaarty!

> «Der Aufschwung ist da, und das mit voller Kraft.
> Wir erwarten für dieses Jahr ein sattes Wachstum von
> real 3,4 Prozent. Deutschland ist Aufschwungland.»
>
> RAINER BRÜDERLE, *FDP-Fraktionsvorsitzender*

Vier Versprechen,
doch zuerst ein Dank

Schon schallt es bei Länderspielen der deutschen Fußballnationalmannschaft von den Rängen: «Aufschwungland und Recht und Freiheit …» Und warum soll man sich nicht auch mal selbst gut finden? Oder mal von Herzen danke sagen?

So wie unsere Kanzlerin, die uns allen in ganzseitigen Anzeigen für den tollen Aufschwung gedankt hat. Besonders rührend: die Stelle, an der sie verspricht, dennoch mit dem konsequenten Sparen weiterzumachen. Und wenn man dann weiß, dass allein diese Anzeigenkampagne rund drei Millionen Euro Steuergeld gekostet hat, schließt sich ein Kreis: Die Kanzlerin dankt uns mit UNSEREM EIGENEN Geld. Das ist so, als ob man seiner Frau zu Weihnachten dieses Sky-Fußball-Abo und den Kasten Bier schenkt, den sie sich angeblich immer schon gewünscht hat.

Tatsächlich kann ein Aufschwung alle möglichen Gründe haben: Wettbewerbsvorteile durch Qualität, schönes Wetter oder Erdstrahlen. Und weil es keiner weiß, hatte auch der deutsche XXL-Aufschwung von 2010 ganz viele Väter und Mütter. Die SPD meinte sinngemäß: Das sind die Früchte von Schröders Arbeitsmarktreformen! Frau Merkel wollte alles schon mit der großen Koalition eingefädelt haben, und wenn Karl der Große noch leben würde, hätte er sich wahrscheinlich auch noch mal auf die Schulter geklopft.

Besonders süß: Sogar die FDP sah sich als Geburtshelfer des Aufschwungs. Und zwar – alle Mann festhalten – wegen ihres albernen «Wachstumsbeschleunigungsgesetzes», das zugegebenermaßen beim Scrabblespielen der Killer ist.

«Das Wachstumsbeschleunigungsgesetz von Anfang des Jahres, es hat das Wachstum beschleunigt.»

GUIDO WESTERWELLE, *Bundesaußenminister*

Klingt sogar fast logisch. Wenn das Wachstumsbeschleunigungsgesetz nicht das Wachstum beschleunigen würde, dann hieße es ja nicht «Wachstumsbeschleunigungsgesetz», sondern irgendwie anders. («Hotelbesitzernochglücklichermachgesetz» klingt im Übrigen nicht griffig genug.)

Statt also zu lange darüber nachzudenken, wo so ein Aufschwung wirklich herkommt, sollte man das zarte Pflänzchen beziehungsweise den kleinen Racker lieber beschützen.

Vor den bösen Steuersenkungs-Geiern zum Beispiel.

Skrupelloser Steuersenkungs-Fetischist metzelt unschuldiges Aufschwungküken!

Die Jahre 2009 und 2010 werden in die Geschichte eingehen – als die Jahre, in denen sich unsere Wirtschaftexperten vollständig «zum Horst» gemacht haben. Mehr danebenliegen kann man mit seinen Prognosen beim besten Willen nicht.

Die Tatsache, dass die Typen nach DEM Fiasko nicht alle auf Staplerfahrer umschulen mussten, beweist endgültig, dass man als Wirtschaftexperte original gar nichts können muss. Außer jeden dritten Donnerstag bei Maybrit Illner im Studio abhängen und rumunken. Ach ja und malen: Häuser, Blumen und mutmaßliche Krisenverläufe.

Deutschlands führende Wirtschaftsexperten versuchen den zukünftigen Verlauf der Krise grafisch darzustellen.

Bitte keine Missverständnisse: Wirtschaftsexperten können natürlich weit mehr als Penisse malen. Sie sind in aller Regel der wichtigste Verbündete des deutschen Unternehmers, indem sie bei ihren wöchentlichen Talkshow-Auftritten gebetsmühlenartig vor «maßlosen» Lohnerhöhungen warnen. Denn die sind «Gift» für die Konjunktur, und zwar vor, während und nach Krisen.

Wahrscheinlich haben sich viele Deutsche inzwischen an den ständigen Wechsel von Aufschwüngen und Krisen gewöhnt. Schon unsere Kleinsten wissen doch längst Bescheid.

Und der kleine Hase sagte zum großen Hasen: «Weißt du eigentlich, wie pleite wir sind? Zehnmal bis zum Mond und zurück sind wir pleite!»

«Ohhh …», sagte der große Hase, «das ist sehr, sehr pleite … Und wie geht Sparen?»

«Ganz leicht, du: Erst werden gaaanz viele Vorschläge gemacht, dann beschimpfen sich alle Minister, und am Schluss werden einfach irgendwelche Abgaben erhöht!»

> «Sparen ist eigentlich, wenn man Geld hat und einen Teil davon nicht ausgibt. Beim Staat ist sparen, wenn man Geld, das man nicht hat, nicht ausgibt.»
>
> RAINER BRÜDERLE, *FDP-Fraktionsvorsitzender*

Sparen ist wirklich ein hässliches Wort. Und dennoch: Selbst an guten Tagen kommt man an dem Quatsch nicht mehr ganz vorbei. Denn nur wenn wir selber sparen, können wir auch in Zukunft noch auf sparunwillige Griechen oder Portugiesen herabgucken.

Tatsächlich hat das Phänomen alle Gesellschaftsschichten erfasst. Bis nach ganz oben. Da wurde schon so manche Klospülung von Champagner auf Prosecco umgestellt.

Carsten van Ryssen berichtet aus dem letzten Reichen-Reservat: Sylt

Weil keiner letztendlich noch mehr bezahlen möchte, noch mehr Steuern abliefern möchte, die eigentlich nur verprasst werden vom Staat. Wild hinausgegeben an irgendwelche ... Hartz-IV-Empfänger und so weiter.

Ist das gerecht, dass Sie für einen Maulesel 7 Prozent Mehrwertsteuer zahlen müssen und 19 Prozent für einen normalen Esel? Wo ist da der Unterschied, Esel-mäßig?

Ulrich von Heesen bei seiner mutigen Aktion «Rauchen gegen die Tabaksteuererhöhung!»

Ulrich von Heesen

Das Sparpaket

Wer sparen will, der braucht ein Sparpaket.

Das jüngste der schwarz-gelben Bundesregierung lässt sich mit Bauklötzen sehr anschaulich erklären.

Es besteht zunächst aus vielen einzelnen Komponenten, die, genau aufeinander abgestimmt, ein stabiles, gerechtes Ganzes ergeben. Da leistet jeder seinen Beitrag! Theoretisch. Praktisch stellt sich dann schnell heraus, dass so eine Bundeswehrreform doch gar keine acht Milliarden Euro einspart. Selbst wenn sich zwei Soldaten ab jetzt einen Helm teilen.

Und die sogenannte «Brennelementesteuer» bringt auch nur richtig Geld, wenn man die AKWs lange laufen lässt. Was nicht mehr so richtig populär ist, seit die Deutschen bestimmte Nachrichten aus Japan aufgeschnappt haben.

Dann kommen noch die üblichen Lobbykrähen angeflattert und zerrupfen DIE kümmerlichen Reste des Sparpakets, die IHREN Wirtschaftszweig treffen würden. Was bleibt?

Eine Erhöhung der Krankenkassenbeiträge. Für ALLE! Also, für alle gesetzlich Versicherten. Wenn das nicht ausgewogen ist!

Traurig, aber wahr: Nicht mal der «heute show»-Orakel-Krake weiß, was die Zukunft bringt. Wie auch? Er ist tot.

Frauen in der Politik

Die Jahreswende 1918/19 ist für den deutschen Mann ein einziges Trauma. Er verliert hintereinander einen Weltkrieg, den Kaiser UND sein Monopol aufs Wählen. Plötzlich dürfen Frauen auch ihr Kreuzchen machen. Von heute auf morgen sind sie vorbei, die Zeiten, in denen man Mutti einfach am Fahrradständer vor der Wahlkabine anbinden durfte.

Kein Wunder, dass viele Männer sich mit der ersten deutschen Demokratie nicht so richtig anfreunden konnten. Denn – so die vorherrschende «Denke» – während Frauen zur Wahl gehen, können sie ja logischerweise weder bügeln noch Bier aus dem Keller holen. Und in der Weimarer Republik wurde fast jeden Sonntag gewählt.

Um ihre männliche Klientel nicht vollends zu vergraulen, verzichteten die Kanzler damals konsequent darauf, den Frauen irgendein wichtiges politisches Amt anzuvertrauen. Was mehr als bitter ist, denn weibliche Minister hätten dem Aufstieg der Nazis vielleicht nicht ganz so tatenlos zugesehen.

Demokratie Nummer zwei macht alles besser. In den Kabinetten der Bundesrepublik sind Frauen von Anfang an vertreten. Und zwar meist als Ministerin für «Familie» oder «Soziales». Die eher «weichen» Themen halt. Gerd-«Hol mir mal 'ne Flasche Bier»-Schröder sprach gern liebevoll von seiner Ministerin für «Frauen und Gedöns».

Kurz gesagt: Es herrschte ein Klima, in dem eine Physikerin (!) aus dem Osten (!) von den Platzhirschen der deutschen Politik gar nicht ernst genommen werden KONNTE. Tja, schön blöd. Die meisten ehemaligen «Konkurrenten» von Angela Merkel fressen heute ihr Gnadenbrot als Anwalt oder Aufsichtsratsboss. Arme Schweine.

Angie, eine Frau geht seinen Weg

Angela Merkel & ihr Wahlverein, formerly known as CDU

Auch die Darstellung von Politik ist immer noch sehr männlich geprägt. Wenn ein männlicher Politiker seine Konkurrenten wegbeißt, gilt er gemeinhin als großer Taktiker, als Fuchs, der weiß, wie der Hase läuft und wo der Barthel den Dings holt. Wenn eine Frau exakt dasselbe macht, ist sie eine «eiskalte Machtpolitikerin».

Vielleicht wird Angela Merkel ihr nüchterner und eher emotionsloser Regierungsstil auch deshalb vorgeworfen, weil wir von Frauen immer noch unbewusst erwarten, dass sie vor dem Fernseher anfangen zu flennen, wenn Lassie sich die Pfote klemmt. Sie sollen uns in den Arm nehmen und uns ständig sagen, dass alles gut wird. Merkels Spitzname «Mutti» kündet von einer tiefen männlichen Sehnsucht nach Geborgenheit. Selten hat ein Spitzname auf einen Menschen so schlecht gepasst.

Im Jahr 2011, nach dem Abgang von Koch und der «Beförderung» von Wulff, lässt sich das Programm der CDU locker in fünf Silben zusammenfassen: An-ge-la-Mer-kel.

Ist die CDU also eine typisch weibliche Partei? Eher nicht. Denn normalerweise will in dem Laden jeder den anderen weghaben, am liebsten wegekeln. Die CDU ist traditionsgemäß ein Sumpf aus Missgunst, Bestechung und Verrat. Daher fühlen sich viele in dieser Partei auch sehr wohl. So macht Politik richtig Laune. Und wenn es einen selbst erwischt – macht nichts, dann geht's eben in die Wirtschaft.

CDU-Politiker sein, das ist eine tolle Sache. Aber erst, wenn man es geschafft hat und oben angekommen ist. Bis dahin ist es die Hölle. Schon als Jugendlicher muss man in die Schüler Union eintreten, noch besser vorher schon in die Fötus Union. Überflüssig zu sagen, dass man als männliches Mitglied der Schüler Union nicht gerade den Freibrief zum Weiberflachlegen errungen hat. Für Mädchen bleiben auch nur die Alternative Gospelchor oder Kolpingjugend. Sind die Pickel dann endlich verschwunden aus dem Gesicht und ist der Pullunder einem zeitgemäßeren Kleidungsstück gewichen, geht's auf in die Junge Union.

Auch hier findet der engagierte unionsnahe Politikernachwuchs wenig Trost im «attraktivitätsgestützten» Geschlechtsverkehr. Nun denn, sei's drum, das BWL- oder Jurastudium will ja auch vollendet sein, und Plakate kleben für die ständigen Wahlen muss ja auch irgendjemand. Am demütigendsten für den CDU-Nachwuchs sind die Parteitage. Stell dir vor, du bist Anfang zwanzig und musst einem alten Sack wie Helmut Kohl oder einer Spaßbremse wie Angela Merkel zujubeln, als wäre Jimi Hendrix auf den Planeten zurückgekehrt – gibt es etwas Uncooleres auf Erden? Nein! Deshalb hat so ein Nachwuchsunionschrist auch schon jede Menge Scheiße gefressen, bevor sich irgendwo ein Türchen auftut für die große Karriere.

Diese Zeit des Scheißefressens ist dennoch sehr wichtig für seine politische Sozialisation, denn hier lernt er andere Scheißefresser kennen und gründet mit ihnen Geheimbünde, um später mal die alten Böcke umzubringen. Anschließend werden sich dann die Freunde von einst gegenseitig umbringen, das ist ja der Witz an der Sache. Ganz oben kann es eben nur einen geben. Irgendwann hat unser CDU-Bürschchen oder -Hascherl aber einen Sitz in einem Parlament errungen.

Jetzt geht der Kampf erst richtig los, denn die CDU ist eine Volkspartei, voll mit Leuten, die genau dasselbe wollen. Die Plätze am Futtertrog sind aber rar. Nun gilt es das richtige Ticket zu finden, mit dem man nach oben reisen kann. Ist man eine Frau, dann hat man es schon gefunden, auch in der CDU ist die Zeit der alten Sabberköppe längst passé. Trotz allen pseudofeministischen Geschwafels gilt jedoch: Frau sein allein genügt nicht, eine erotische Komplettkatastrophe wird auch in der CDU von heute nichts mehr.

Für den männlichen CDU-Nachwuchs sieht's da noch etwas rosiger aus. Ein ausgemachtes Backpfeifengesicht wird zumindest bislang noch als Beweis bodenständiger Seriosität gewertet. Nun denn, hat man es endlich geschafft nach Jahren der Demütigung und des Katzbuckelns vor den alten Parteimuftis, winken recht anständige Pfründen als Minister oder Landeschef. Auch hier bestimmen Verrat und Missgunst den Alltag, aber da kennt man sich ja mittlerweile aus. Die wahre Ernte im Leben eines CDU-Mitglieds wird erst nach Ende der politischen Laufbahn eingefahren. Mit einem kleinen Aufsichtsratspöstchen im Abklingbecken zieht der alte Kämpe von einem Polittalk zum nächsten und darf zum ersten Mal in seinem Leben sagen, was er wirklich denkt – wenn er sich dann noch daran erinnert.

Angela Merkel

Im Kanzleramt brannte noch Licht, Angela Merkel dachte nach. Alles, was sie tat, überlegte Angela Merkel vorher bis in alle Einzelheiten, Spontaneität war ihr zuwider. Sir Isaac Newton hatte schließlich auch nicht die Gravitationsgesetze aus einer Laune heraus in den sonnigen Vormittag geschissen. Angela Merkel musste bei dem Wort «geschissen» lachen. Dummerweise unterschied sich die Politik eklatant von der Genauigkeit der Planetenbewegung, überall menschelte es so grauenhaft. Ständig musste man Rücksicht nehmen auf irgendwelche Befindlichkeiten. Am schlimmsten war die sogenannte Schwesterpartei, die CSU, ein Haufen ungehobelter Gemsenrammler, wie sie insgeheim dachte. Drehte man dieser Bagage den Rücken zu, so ging man selten mit weniger als einem Messer darin nach Hause. Europa war eine fast genauso große Zumutung: Da war dieser französische Giftzwerg mit den Schimpansenohren, der italienische Lustgreis und dann auch noch diese unverschämten Griechen – allesamt stinkfaul und anmaßend. Oder die Polen, gerade mal ein paar Jahre in der EU und schon das Maul aufreißen. So was hätten die im Warschauer Pakt nie gewagt, dann hätt's aber eins vom Russen auf die Zwölf gegeben. In der EU fehlte eindeutig der Chef, das war ihr Konstruktionsfehler. Man kann zwar zusammen singen, aber nicht zusammen regieren, dachte Angela Merkel. Morgen kommt das ganze Pack wieder zusammen, um den EU-Haushalt zu beraten. Schimpansenohr würde wieder Unsummen für seine Käsebauern haben wollen, Polen, Ungarn, Iren, Portugiesen, alle wollten sie mehr Geld. Und von wem? Von ihr, von Angela Merkel. Hoffentlich hält sich der sabbernde Opa aus Italien noch bis morgen früh an der Regierung, der macht nie Probleme. Wenn man unterm Tisch eine Ziege anpflockte, die ihm die Klöten leckte, wäre der alte Silvio Testosteroni selig und zufrieden. Angela Merkel war gern vulgär in ihren Selbstgesprächen, wo denn auch sonst, überall musste man ja beherrscht und freundlich sein. Neulich hatte sie einem ihrer Personenschützer aufgetragen, ihr jeden Tag einen neuen versauten Witz zu erzählen – eine der wenigen

Freuden, die sie sich gönnte: «Sagt die Prinzessin zum Frosch: Muss ich dich küssen, damit du ein Prinz wirst? Antwortet der Frosch: Nein, das ist mein Bruder, mir musst du einen blasen!» – über den konnte Angela Merkel immer noch lachen. Sie hatte versucht, ihn Schimpansenohr am Telefon zu erzählen, aber der Frosch war weiblich im Französischen, da funktionierte die Pointe nicht. Seitdem hielt der kleine Giftzwerg sie für etwas bescheuert und würde höchstwahrscheinlich morgen noch mehr Geld für seine verschissenen Käsebauern verlangen. Angela Merkel knipste das Licht aus im Kanzleramt und ließ sich in ihre Privatwohnung bringen. Morgen war der Terminkalender bis zum Bersten gefüllt: EU-Gipfel, ein Telefonat mit Obama, kleine Kabinettrunde, zweites Frühstück mit Guido und, und, und – ein richtig beschissener Tag in einem beschissenen Job. Aber um kurz nach acht würde der nette Personenschützer mit einem neuen versauten Witz zu ihr kommen. Hoffentlich diesmal nichts mit Fröschen, dann könnte sie ihn Schimpansenohr weitererzählen und so ein paar Milliarden aus dem EU-Topf retten. Während der Fahrt schickte sie noch acht SMS an die Personen, die sich am meisten darüber ärgern würden, und zog das erste Mal seit zwölf Stunden die Schuhe aus – das waren die wirklichen Probleme einer Kanzlerin, scheiß doch was auf Griechenland oder die Europäische Zentralbank. Doch da war sie schon im Wagen eingenickt und träumte von einem Frosch, den sie in ihrem Traum «Seehofer» nannte, was ein sehr schöner Name für einen Frosch ist, wie sie fand.

(Dietmar Wischmeyer)

Von Merkel lernen heißt siegen lernen. Ihre geheime Superkraft: stoisches Abwarten am Rande der völligen Meinungslosigkeit. Erst wenn sich der Staub der ersten hässlichen Debatten gelegt hat, liest «La Merkel» ein paar aktuelle Umfragen und entscheidet DANN, wo sie so ungefähr steht. (Wobei kein Standpunkt in Stein gemeißelt ist. Nicht mal in Knetgummi.)

Die Kommentatoren nennen das den «nur moderierenden» Stil der Kanzlerin. Die Trottel meinen das beleidigend und vergessen völlig, dass die Deutschen morgen einen Moderator wie Günther Jauch in jedes Amt wählen würden.

Herrschen lässt es sich am besten im Stillen. Und Verantwortung sollte man – gerade in Krisenzeiten – immer schön weiterdelegieren. Ein Feld, auf dem der Pfarrerstochter aus der Uckermark keiner was vormacht.

> **«Ja, klar, in bestimmter Weise habe ich auch was zu sagen, aber ich kann viel sagen, wenn nicht andere mitmachen.»**
>
> ANGELA MERKEL, *Bundeskanzlerin*

Eben, sie ist doch nur die Kanzlerin! Ein ganz kleines Rädchen im Getriebe. So schraubt man die Erwartungen schön runter. Und gleich noch eine goldene Mutti-Regel: Man sollte sich grundsätzlich so ausdrücken, dass sich wirklich JEDER angesprochen fühlt.

> **«Wir müssen den Zusammenhalt zwischen der Gesellschaft erneuern, zwischen Jung und Alt, zwischen Kranken und Gesunden, zwischen Ärmeren und Wohlhabenden, zwischen Einheimischen und Zugewanderten, zwischen Ost und West.»**
>
> ANGELA MERKEL, *Bundeskanzlerin*

Oder zwischen Dick und Doof, Lenßen und Partner, Sex und der City, völlig wurscht. Unter Merkel rückte die Union in Wirklichkeit weder nach rechts noch nach links, sie rückte ÜBERALL hin. Das zeigte sich exemplarisch in der «Berliner Erklärung» der CDU aus dem Jahr 2010:

> *«Christlich demokratische Politik beruht auf klaren Wertvorstellungen, die sich christlich-jüdischer Tradition und europäischer Geistesgeschichte verdanken, die aber auch von nicht wenigen Menschen anderer Weltanschauung oder Glaubenshaltung geteilt werden.»*

Wäre Angela Merkel ein «Haribo»-Produkt, sie wäre «Color-Rado». Slogan: Für jeden etwas! Spätestens mit dieser Kanzlerin hat das postideologische Zeitalter in Deutschland begonnen. Steht diese Frau eigentlich noch für klassische konservative Werte? Aber hallo!

> **«Wahrscheinlich bin ich überhaupt ziemlich konservativ, in der Richtung, was das anbelangt.»**
>
> ANGELA MERKEL, *Bundeskanzlerin*

Ein Satz, um ihn auf T-Shirts zu drucken, ein Satz für die Ewigkeit! Zu vergleichen nur noch mit René Descartes' «Ich denke, also bin ich» und Rex Gildos «Hossa! Hossa! Hossa!». Seit dem Super-Wahljahr 2011 geht die Kanzlerin aller Deutschen immerhin gelegentlich auf Konfrontationskurs. Außerdem hat sie als neuen Regierungsstil «die Zeit der Ernsthaftigkeit» ausgerufen. (Von den Machern von «Herbst der Entscheidungen» kommt jetzt ein neuer Blockbuster: «Die Zeit der Ernsthaftigkeit»!) Was allerdings auch die Frage aufwirft: Was war dann bitte das vorher? Comedy? Und wenn ja, warum konnte keiner drüber lachen?

Schlimm verunglückter Versuch einer Merkel-Parodie. Don't try this at home!

Wo ist sie hin, die Zeit der absoluten Mehrheiten? Damals im Adenauer-Deutschland gab es zwar außer der CDU noch andere Parteien, aber man konnte immer mit dem wohligen Gefühl zur Wahl gehen, dass die am Ende sowieso nicht regieren. Heute sind Koalitionen der Normalzustand. Schwarz-Gelb zum Beispiel galt 2009 als Wunschpartnerschaft, ja, sogar das Wort von der «Liebesheirat» machte die Runde. So viel «Liebe» möchte man seinem schlimmsten Feind nicht wünschen.

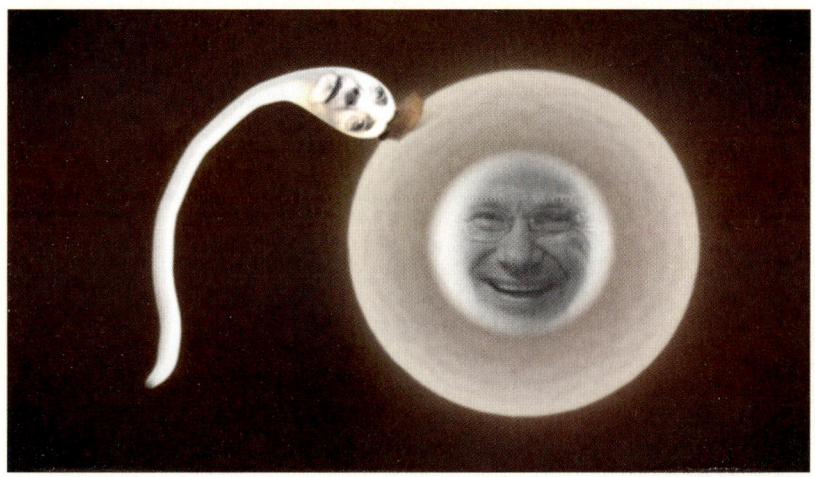

Jedem Anfang wohnt ein Zauber inne.

In diesem Fall hielt der allerdings nur ein paar Tage. Größter Geburtsfehler von Schwarz-Gelb: ein Koalitionsvertrag, in dem original gar nichts Konkretes steht. Da heißt es sinngemäß: «Wir werden in den nächsten vier Jahren gemeinsam so Sachen machen. Wenn's sich ergibt und auch nur wenn genug Geld dafür da ist.» War es aber nicht.

Schön blöd, FDP. Westerwelle und seine Leute haben leider nicht zugehört, als Eduard Zimmermann damals bei «Vorsicht Falle!» erklärt hat, dass man Verträge nie an der Haustür unterschreiben darf.

Und «Im Reich der wilden Tiere» haben sie offenbar auch verpasst. Sonst wäre ihnen ja wohl vorher klar gewesen, dass «Arachno Merkelensis» davon lebt, Koalitionspartner nach der Paarung zu verspeisen.

Sie umgarnt ihre Partner, lockt sie in ihr Netz und saugt sie dann aus, bis nur noch leere Hüllen übrig sind.

Aus CDU und FDP wurde so in kürzester Zeit eine Zweckehe. Da beschimpft man sich wüst als «Wildsauen» oder «Gurkentruppe». In bestimmten Phasen hätte sich keiner gewundert, wenn die FDP plötzlich ins Frauenhaus gezogen wäre. Zusammengefasst: Seit die Romantik verflogen ist, sind Union und Liberale ein tragisches Paar. Im Grunde nur noch zu vergleichen mit den Effenbergs.

Die schwarz-gelbe Koalition nach einem Jahr. So fertige Gestalten sieht man sonst nur beim RTL-2-«Frauentausch».

Jeder kennt ja diese Paare, die am liebsten vor Freunden und Bekannten streiten. Man möchte denen immer zurufen: Leute, ihr nervt! Lasst euch doch endlich scheiden! Immer das gleiche Theater: Seehofer gegen Rösler, Söder gegen Lindner und Westerwelle gegen alle. Irgendwann wird Merkel abends sagen: «Kinder, ich geh mal schnell Zigaretten holen», und nie wieder nach Hause kommen. Man könnte es ihr kaum verdenken, denn neben ihrer verhaltensauffälligen Rasselbande hat die Kanzlerin ja auch noch das lästige Regieren an der Backe.

Ulrich von Heesen
über Helmut Kohl

Von mir aus sollen junge Leute doch CDU wählen. Wir haben früher auch verrückte Sachen gemacht und Scheiße gebaut! Nur eins geht gar nicht: wenn die gelackten Lümmel anfangen, die Ära Kohl rückwirkend schönzureden! Das geht gar nicht! Und ICH weiß, wovon ich rede, denn ich war im Gegensatz zu denen dabei! Während sich Jungspunde wie der Welke den ganzen Tag auf ihre Nena-Bilder in der «Bravo» einen gerubbelt haben, habe ich die Politik dieses Mannes ertragen müssen!

Kohl war ein Patriarch und Besserwisser vor dem Herrn! Jaja, ich weiß, was jetzt kommt: Wir verdanken Helmut Kohl doch die Einheit! Und den Euro! Ja genau! Was wären wir heute nur ohne die Einheit und den Euro? Ach ja: reich! Reich wären wir alle!

Aber so ist der junge Spießer von heute. Nur weil die Gegenwart so trostlos ist, redet er sich die Vergangenheit schön. Je dilettantischer Schwarz-Gelb regiert, desto mehr verklären sie die alten Säcke. Obwohl – manche hatten's tatsächlich durchaus drauf. Helmut Schmidt zum Beispiel: Wer fünf Schachteln Menthol-Zigaretten am Tag raucht, der kann kein schlechter Mensch sein.

Ulrich von Heesen

Christian Ehring erklärt:

Regieren für Dummies

Einer der großen Nachteile am Regieren ist das Regieren. Ständig sind irgendwelche Entscheidungen gefragt. Besonders tückisch: Manche sind unpopulär und drücken auf die Umfragewerte.

Zum Glück gibt's alle zwei Jahre eine Fußball-WM oder -EM. Ideal, um dem Volk möglichst unauffällig die fiesesten Sachen aufs Auge zu drücken. Erinnern wir uns mal an die WM 2006. Die meisten werden jetzt rufen: «Hey! WM 2006! Das Sommermärchen! Klinsi! Da sind wir Dritter geworden!»

Falsch. In erster Linie sind wir da verarscht worden. Während die Beschränkten tagelang im Autokorso im Kreis gefahren sind, hat die große Koalition klammheimlich die Mehrwertsteuer auf 19 Prozent erhöht. Hat ja eh keiner mitgekriegt, weil alle vier Wochen am Stück besoffen waren. Klappt immer. WM 2010: Schwarz-Gelb beschließt, die Krankenkassenbeiträge zu erhöhen, und keine Sau juckt's!

Fußball ist Opium fürs Volk.   **Vuvuzelas sind Ohrenschmerzen fürs Volk.**

Beten wir also, dass die deutsche Elf 2014 ganz früh rausfliegt. Wenn wir ins Finale kommen, gibt's locker 23 Prozent Mehrwertsteuer.

Aber wer weiß: Vielleicht ist die Merkel 2014 gar nicht mehr fürs Steuerer-
höhen zuständig. Vielleicht regiert dann längst Rot-Rot-Grün mit Kanzler
Gabriel.

Kleiner Scherz, wir Deutschen mögen ja nicht die hellsten Glühbirnen
im Lampenladen sein, aber so blöd sind wir nun auch wieder nicht! Die
entscheidende Frage lautet: Wie lange hat Angela Merkel selbst noch Bock
auf ihren Wahlverein und das ewige Hosenanzügetragen? Möglicherweise
träumt die längst davon, einfach nur noch gepflegt mit Professor Sauer
abzuhängen, vor «Rach, der Restauranttester» oder «Peter Zwegat».

Dann beginnt in der CDU aber das ganz große Grübeln. Gibt es überhaupt ein Leben nach Angela Merkel?

Die einzige Frau, die sie dereinst beerben könnte, ist natürlich Ursula
von der Leyen. Ein ähnlich erfahrenes Schlachtross, in Sachen taktisches
Geschick und Betonfrisur längst mit der Chefin auf Augenhöhe. Zudem
beherrscht von der Leyen die hohe Kunst, negativ besetzte Themen fast
schon erschreckend positiv zu verpacken. Meet «The real Mutti»!

**Unter drei Millionen Arbeitslose! Das wollen wir nicht feiern ... heißt
übersetzt: Wir feiern das wie Hulle! Und vor allem feier ich mich selbst!
Zum Beispiel für die tolle Idee, Ein-Euro-Jobber, Kranke oder ABM-Leute
einfach nicht mehr als Arbeitslose zu zählen!**

Ein Tag im Leben von Ursula von der Leyen
oder: Wie schafft die das nur alles?

5:15	Körpertemperatur unterbewusst langsam auf 37,2 Grad Tageswert hochfahren
5:20	Wert erreicht, mit Aufwachen beginnen. Im Halbschlaf alle SMS-Botschaften von Angela Merkel auf dem Blackberry löschen
5:30	Aufwachen
5:31	Aufwachen erfolgreich abgeschlossen
5:32	Duschen, Anziehen, Frühstück, alle neuen SMS von Merkel löschen
5:40	Zeit mit der Familie verbringen
5:45	Keiner gekommen, selber schuld, Dienstbeginn, Fahrt nach Berlin
6:00	Per SMS das Eintreffen im Ministerium nach Naviprognose um 8:02 und 10 Sekunden ankündigen. Den ersten Termin auf 8:02 und 30 Sekunden legen lassen. Bleiben 20 Sekunden fürs zweite Frühstück.
8:02 und 15 Sekunden	Verdammt, 5 Sekunden zu spät. Zweites Frühstück: an einem Apfel riechen und zwei Knäckebrotscheiben von weitem angucken
8:02 und 30 Sekunden	Allgemeines Interview für die Tagesthemen aufzeichnen, das zu allem passt
8:05	Zehn neue SMS von Angela Merkel löschen
8:06	Zu Hause in Burgdorf den Gatten per GPS-Handy orten und einen Termin für ein gemeinsames Abendessen 2013 vorschlagen, New York, Berlin oder Burgdorf. Je nachdem, wer fährt.
8:32	Der Fahrer von Kanzlerin Merkel steht am Eingang des Ministeriums und sagt, er hätte eine ausgedruckte SMS von ihr dabei. Fahrer löschen!

8:34	*Elterngeld, Bildungsgutscheine, Hartz-IV-Reform in einem Gesetz formulieren und ans Parlament zur Abstimmung weiterleiten*
8:48	*Frauenquote in den Führungsgremien der Männergesangsvereine fordern*
8:52	*Mittagessen: drei Pastinaken-Schnitze mit Wasserdressing, dazu gedünstete Sperlingsbrust auf Gerstenschaum – die Hälfte stehenlassen*
9:00	*Familienministerin Kristina Schröder bittet um ein Gespräch unter vier Augen: Termin für 2014 vorschlagen*
9:15	*Pressekonferenz zur Reform der Bedarfsermittlungsreform Hartz IV und Verstetigung der Mittelbereitstellung für Geringverdiener und Aufstocker – im Ministeriumdeutsch «Hundefutter-Meeting» genannt*
9:20	*Alle Fragen abgebügelt. Damit noch weniger Journalisten kommen, nächste PK für 7:15 in einer Woche anberaumt*
9:32	*Abendessen: acht Reiskörner in einer leichten Gemüsebrühe geschwenkt, dazu ein Glas Wasserschorle und als Betthupferl das Foto eines kalorienreduzierten Löwenzahn-Parfaits*
9:40	*Nachtruhe anfahren, Körpertemperatur senken, inneren Gedankenflug abbremsen*
9:42	*Nachtruhe läuft*
10:00	*Ein neuer Tag beginnt im Leben der Ursula von der Leyen*

Dietmar Wischmeyer

Integration: ein im Prinzip durch und durch positiv besetztes Wort. Es klingt nach Gemeinschaft, nach Offenheit, nach Gastfreundschaft.

Und nach einer Debatte, die einem brutal auf den Sack geht. Mindestens einmal im Jahr wird diese Sau (zufällig gewählte Metapher, soll nicht die Gefühle muslimischer Leser verletzen) durchs mediale Dorf getrieben.

Ein Teil der Republik (in der Regel «Bild» und CSU) verweist wütend auf den angeblich rasanten Anstieg von Straftaten jugendlicher Migranten, der andere Teil auf die große Masse der perfekt integrierten Ausländer. In deutschen Talkshows sitzen dann nächtelang türkische Gehirnchirurgen.

Wie bei allen hysterischen Debatten liegt die Wahrheit irgendwo in der Mitte, interessiert aber keine Sau (siehe oben).

Immerhin: Nach etwa drei Wochen schläft das Thema in der Regel wieder ein. Meistens macht Mesut Özil genau in dieser Phase ein Tor für Deutschland. Er ist exakt die Art Ausländer, mit der auch die Rechten prima leben können. Denn er wohnt in Madrid.

Jaja, deine Mudda, du Opfer!
Expeditionen ins Integrierreich

Deutschland schafft sich ab»: DER Bestseller der letzten Jahre. Noch mehr Bücher hätte Sarrazin nur verkaufen können, wenn er ein paar Vampire in die Handlung «integriert» hätte.

Schon verblüffend: Alles, was man in diesem Land tun muss, um Büchermillionär zu werden, ist, ein paar Volksgruppen zu beleidigen und bei der Bundesbank rauszufliegen. Kein schlechter Deal.

Die wichtigsten Kernthesen des Buches von Sarrazin lassen sich wie folgt zusammenfassen:

Erstens: Muslimische Migranten sind blöd. Zweitens: Daran ändert sich auch nix, weil Dummheit vererbt wird. Und drittens: Dagegen muss sich die Nation unbedingt irgendwie wehren.

Nun zu den Fakten:

Die Bundesrepublik ist schon seit Jahren kein Einwanderungsland mehr, sondern ein Auswanderungsland – es gehen mehr raus als reinkommen. Vor allem gut ausgebildete Fachkräfte mit Migrationshintergrund (ja, die gibt es!) zieht es mittlerweile gar nicht mehr nach Bottrop-Kirchhellen, sondern nach Kanada oder Norwegen. Wo sie besser bezahlt werden und seltener lesen müssen, dass sie blöd sind und schlecht integriert.

Machen wir uns nichts vor: Auch immer mehr deutsche Eliten wandern aus. Daniela Katzenberger zum Beispiel lebt bereits auf Mallorca. Das ist Intelligenz, die hier bei uns nicht mehr vererbt werden kann!

Sarrazins größte Sorge ist die «enorme Fruchtbarkeit» der muslimischen Migranten, die für ihn zum Problem wird, weil «der Deutsche» die Lust auf Fortpflanzung verloren hat. In «Deutschland schafft sich ab» heißt es wörtlich:

> «Wir sind als Volk und Gesellschaft zu träge, selbst für ein bestandserhaltendes Geburtsniveau Sorge zu tragen, und delegieren diese Aufgabe quasi an Migranten.»
>
> THILO SARRAZIN

Ja, Sie haben richtig gelesen! Wir Deutschen knattern nicht mehr selber, wir LASSEN knattern! Mittlerweile wird eben alles outgesourct.

Andererseits hätte ein Aussterben der Deutschen natürlich nicht NUR negative Konsequenzen. Die ganze Parkplatzsituation zum Beispiel würde sich enorm entspannen.

Wer aber liest Sarrazins Buch?

Unsere Recherchen haben Schockierendes ergeben:

> «68 Prozent der Sarrazin-Leser haben einen Hauptschulabschluss, und 66 Prozent wählen die FDP.»
>
> QUELLE: «STERN»

Das macht nachdenklich. Und Sinn. Denn gerade der FDP-Wähler musste ja am eigenen Leibe erfahren, wie das ist, wenn eine Volksgruppe immer kleiner wird und sich schließlich selbst abschafft.

«Sarrazin Tabu»

**Erklär den Begriff «Türke», ohne die Wörter «vorbestraft»,
«dumm» und «Kopftuchmädchen» zu verwenden.**

In einem Punkt hat Sarrazin allerdings völlig recht: Die Sache mit der
Integration türkischer Schüler wurde jahrzehntelang verbockt. Unter
anderem von Politikern, die Lehrerstellen gestrichen haben. So wie ein
gewisser Thilo Sarrazin als Finanzsenator in Berlin. Und das ist exakt
das Problem. ECHTE Integration kostet Geld. Deshalb belassen es
deutsche Politiker in der Regel beim rituellen Beschimpfen von schlecht
integrierten Migranten. Viel preiswerter!

In dem Sarrazin-Buch

steht doch nur Mist! Gene!

Vererbungslehre! Mein Vater

war 1 Meter 90 groß und

hatte langes blondes Haar!!!

Dann erklär mir doch mal

einer die Scheiße hier!!!

Außerdem: Sarrazin stammt von französischen Hugenotten ab! Ja genau, Thilo: Du bist genetisch quasi Franzose! WIR Preußen haben deine traurigen Vorfahren damals aufgenommen. Denk da mal drüber nach, bevor du sie das nächste Mal aufreißt, deine dämliche Froschfresser-Fresse!

Nach dem großen Erfolg des Sarrazin-Buches lautete die spannendste Frage: Wer wird «Germany's Next Sarrazin»? Wer segelt am weitesten im Bestsellerfahrwasser?

Horst Seehofer lag da ziemlich lange vorn. Der bajuwarische Raumteiler forderte im «Focus», bestimmte Volksgruppen gar nicht mehr ins Land zu lassen – weil die schwierig sind und von ihrer Kultur einfach nicht zu uns Deutschen passen. Und komischerweise meinte er damit

gar nicht Bayern und Franken, sondern Türken und Araber. Pauschal. Die gute alte CSU-Taktik: Man darf den Rassismus nicht den Rassisten überlassen!

Oder war das alles nur ein Missverständnis? Nach einem eher mauen Presseecho meinte der Seehofer Horst nämlich plötzlich, er habe doch gar nicht allgemein Ausländer gemeint, sondern ausländische Fachkräfte. Und wenn man sich sein «Focus»-Interview GANZ genau anguckt, dann stimmt das sogar. Hier, auch mal zwischen den Zeilen lesen.

Erst mit dem Spezial-Seehofer-Mikroskop wird deutlich, was der Horst wirklich gemeint hat.

Mit solchen Äußerungen bringt man sogar einen Christian Lindner gegen sich auf. Die Liberalen pflegen ja traditionell eine eher niveauvolle Fremdenfeindlichkeit:

«Übrigens sind die Forderungen von Horst Seehofer auch zu pauschal, weil er nicht zwischen dem ungelernten Arbeiter aus Anatolien und der Ärztin aus dem Iran unterscheidet.»

CHRISTIAN LINDNER, *Generalsekretär der FDP*

Ja, man muss schon sehr genau unterscheiden zwischen wertvollen, gut verdienenden FDP-Wählern mit ausländischen Wurzeln und aso-zialem, nutzlosem Gesocks. Seehofer und Lindner waren also auf einem guten Weg, «Germany's Next Sarrazin» zu werden. Und wurden dann plötzlich doch rechts überholt. Von einem Mädchen! Famil-ienministerin Kristina Schröder war nämlich schon einen Schritt weiter und präsentierte den nächsten Überfremdungs-Smashhit: Deutschenfeindlichkeit.

«Da werden deutsche Kinder, deutsche Jugend-liche angegriffen, weil sie Deutsche sind. Beschimpft als ‹deutsche Kartoffel› und ‹deutsche Schlampe›. Da müssen wir uns genauso gegen wehren, wie wenn Jugendliche zum Beispiel als ‹dummer Neger› bezeichnet werden.»

KRISTINA SCHRÖDER, *Bundesfamilienministerin*

Geradezu süß, wie sich die Ministerin die schlimmen Schimpfwörter der jungen Türken so vorstellt. «Ey, du Kartoffel» hört man jetzt gar nicht so oft auf deutschen Schulhöfen. Eher schon Ausdrücke wie «Ey, du ‹dreckige **Fo...**» oder «syphilitische **Cracknut... (PIEP)**» oder auch «**beschis... (PIEP) Nazi-Absch... (PIEP)**».

Davon abgesehen haben wir weit größere Probleme als «Deutschen-feindlichkeit», wenn sich bei einer Umfrage im Herbst 2010 mehr als jeder zehnte Deutsche einen «Führer» wünscht. Zur Erklärung für unsere jungen Leser: «Führer» ist dieser Job, den wir früher gern mit österreichischen Fachkräften besetzt haben.

Christian Ehring erklärt:

Wir müssen uns Sorgen machen um unser Land. Das Nachrichtenmagazin «Bild» berichtete auf der Titelseite:

1. Mietvertrag mit Islamklausel! Ein Bürogebäude in Berlin. Wer hier einzieht, muss diese Regeln akzeptieren: *Kein Verkauf, keine Produktion oder Vermarktung von Alkohol, Drogen, Pornographie und Schweinefleisch.*

Jetzt werden viele achselzuckend weiterblättern und sich sagen: Na und? Mein deutscher Vermieter findet das auch nicht so richtig toll, wenn ich im Büro Drogen koche und Schweine schlachte. Aber so einfach ist das nicht! Das ist doch erst der Anfang! Heute darf ich neben dem Kopierer keine Schweine mehr züchten – und morgen darf ich nicht mal mehr meine Frau betrügen! Ja, wo leben wir denn? Ich will Schweine betrügen und Frauen züchten, wann ICH will! Und umgekehrt!

Hier! Schweinefleisch! Hmmmm! Ich bin zwar Vegetarier, aber ich esse es trotzdem! Weil ich es darf! Und weil ich es kann! Nimm das, Mufti!

Ich selbst bin schon MEHRFACH beschimpft worden. Als «deutsche Schlampe». Nur weil ich im Park Frauenkleider getragen habe. Aber nicht mit mir! Ich zeige stolz den Körper, den mir der Herrgott geschenkt hat. Das ist meine christlich- jüdische Tradition! Amen.

Und das Schlusswort in der Integrationsdebatte hat wie immer die CSU.

«Multikulti ist tot!»

HORST SEEHOFER, *CSU-Parteivorsitzender*

So schnell kann es gehen. Am Montag ruft man Multi Kulti noch an und bestellt fröhlich einen Döner mit alles. Und dann das:

Nach langem und schwerem Dahinsiechen nehmen wir Abschied von

**Multi Kulti
geb. Gastarbeiter
*1955   † 2010**

Wir werden dich vermissen, in tiefster Trauer:
**Vater Kevin, Mutter Ayşe
Sohn Mboko, Tochter Svetlana**

Die Beerdigung erfolgt in kleinem Kreise mit Horst Seehofer und Angela Merkel.
Anstelle von Karten bitten wir um eine Spende für die Ehrenfelder Moschee.

*Alles hat ein Ende,
nur die Wurst hat zwei!!
(Stefan Remmler)*

Die CSU

Drunten im Folkloregürtel der Bundesrepublik liegt der aufgehübschte Freistaat Bayern. Hier gibt es Lebewesen, die es sonst in Deutschland nirgends gibt: Gemsen, Murmeltiere und CSU-Mitglieder. Deshalb ist Bayern etwas ganz Besonderes. Die Gemse ist so eine Art Bergziege, das Murmeltier gehört zu den Erdhörnchen, und der nächste Verwandte der CSU ist die CDU, zusammen bilden sie die Gattung der Unionschristen, was aber keine Kirche ist, wie der Name vielleicht vermuten lässt, sondern eine Volkspartei. Über Jahrzehnte gelang es diesen bajuwarischen Separatisten, mit dem immer gleichen Werbespruch absolute Mehrheiten zu erobern: «Mir san mir», auf Hochdeutsch in etwa: «Doof bleibt doof.» In der CSU fanden alle eine Heimat: die Tumben und die Trantüten, die Schlitzohren und Schlawiner, sogar Frauen und Franken. Letztere – weil häufig auch schon mal Anhänger der protestantischen Irrlehre – wurden jedoch stets erfolgreich weggebissen. (Falls sie das nicht selber erledigt haben. Siehe Guttenberg.) Nur die Frauen wurde man so schnell nicht los. Als grinsender Dirndlständer fristeten sie ein halbes Jahrhundert lang ihr Dasein an der Seite krachlederner Rottweiler. Da jedoch die absoluten Mehrheiten zu schwinden drohten, besann man sich auch in dem hinterwäldlerischen Murmeltierverein auf die Lebendreserve Frau und führte eine gemäßigte Quote ein. Ab da war nichts mehr so wie einst, zu Zeiten des seligen Franz Josef. Nach der Gemeinderatssitzung in Bad Hinterfotzingen ging's nicht mehr tutto completto in den Puff, ja, man wurde sogar scheel angesehen, wenn man mit 2,5 Promille auf der Uhr noch den Untertürkheimer bestieg. Schon zuvor war die bajuwarische Gemütlichkeit ja halb dahin: Ein protestantischer Franke hatte kurzfristig die Staatskanzlei erobert, ein ledernes Flintenweib auf dem Motorrad den Geist von Wildbad Kreuth entweiht. Was war nur aus der schönen alten CSU geworden? Skandale ohne Ende: Stotter-Ede entschwand ins belgische Exil, die Konkubine vom Seehofer durfte plötzlich Interviews geben, und zu guter Letzt fälschte auch noch der gegelte Adelsspross seine Doktorarbeit. Jede andere Partei hätte es bei so viel Missgeschick schon längst aus der Bahn geworfen, nicht so die Christlich Soziale Union, denn außer ihr

gibt's ja keinen Politverein, der nur in Bayern existiert und trotzdem auf Bundesebene Forderungen stellt, als gäbe es ihn überall. So mag es zwar ganz furchtbar sein, sich als Grüner mit der eigenen verlotterten Basis rumzuschlagen, als SPD-Schranze in das Auge des dementen Ortsvereins zu blicken oder gar als Liberaler kurz vor dem Aussterben zu stehen – noch viel furchtbarer ist es, als CDUler eine missratene bayerische Schwester zu haben, die säuft, streng riecht und stets ungefragt das Maul aufreißt.

(Dietmar Wischmeyer)

Den Teens und Twens und Kids kann man das echt schwer erklären. Aber es gab eine Zeit vor dem Internet. Wenn man da als Student beispielsweise für seine Promotion aus alten Doktorarbeiten oder Artikeln abschreiben wollte, dann reichte es eben nicht, seinen Commodore 64 anzuwerfen.

Nein, man musste tatsächlich vor die Tür gehen, zu einem Ort namens BIBLIOTHEK, und persönlich in milbenkackeverseuchten Folianten blättern, die wir BÜCHER nannten.

Und jetzt wird's richtig crazy: Es gab noch nicht mal soziale Netzwerke. Unsere FREUNDE waren Menschen, die man tatsächlich persönlich TREFFEN musste. Um dann – so unhygienisch es sich auch anhören mag – von Angesicht zu Angesicht mit ihnen zu sprechen.

Auch war es unmöglich, bei Facebook zu posten, dass man sich gerade im Ohr rumpult, in der Hoffnung, dass 50 000 Follower daraufhin «Gefällt mir» klicken.

War damals alles scheiße? Fast. Immerhin war die Sache mit dem Datenschutz ohne Internet deutlich einfacher.

Man hat Gardinen vor die Fenster gehängt, und keiner konnte mehr sehen, ob man schon vormittags das erste Bier köpft und/oder den Ehepartner schlägt.

Verblüffend ist, dass viele Deutsche eine tief verwurzelte Angst vor einem übermächtigen, seine Bürger ausspähenden Staat haben, aber gleichzeitig Google für eine dufte Erfindung halten. Tja, hätten sie mal Google gegoogelt.

Stasi 2.0
Datenschutz im Internetzeitalter

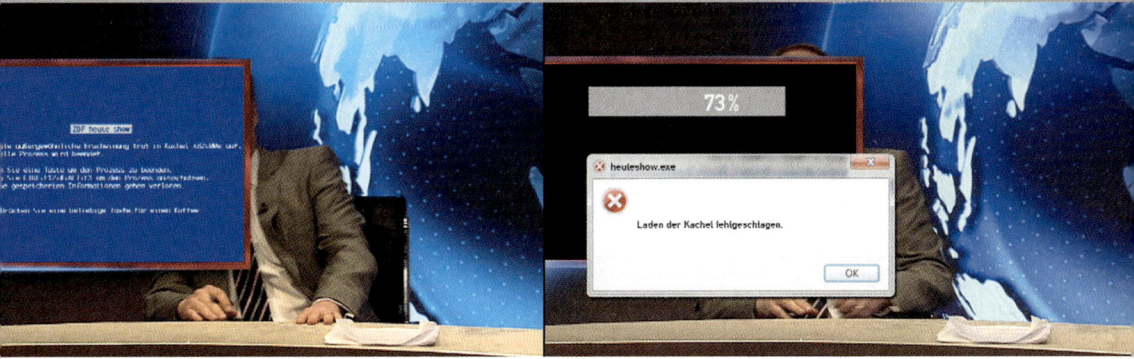

Ja, natürlich haben die neuen Medien auch ihre anstrengenden Seiten. Aber sie stehen auch für neue, total subtile Werbemöglichkeiten.

Oder glaubt irgendwer ernsthaft, man könne von einer Fernsehsendung und ein paar verkauften Büchern leben? Eben.

Die Autoren von «heute show – Das Buch» bitten vielmals um Entschuldigung. Dieses Foto wird noch geladen. Wahrscheinlich ist irgendwas mit dem Server. Schauen Sie weiter konzentriert auf das Bild; wenn sich nach 30 Minuten immer noch nichts getan hat, bitte die Hotline des Verlags anrufen.

Ein solches Facebook-Foto kann ein sicher geglaubtes Vorstellungsgespräch zunichtemachen. Außer bei der «heute show», da ist so ein Foto Einstellungsvoraussetzung.

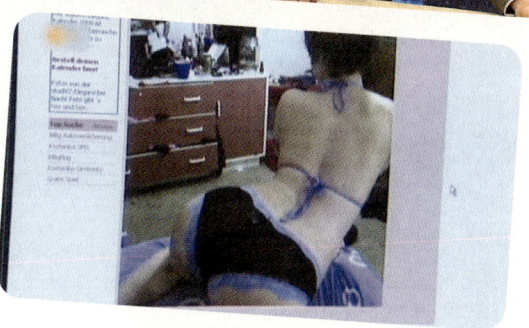

Vorratsdatenspeicherung

Die Bundesregierung ist beim Thema Datenschutz gespalten. Während die meisten Unionspolitiker am liebsten jedes Handytelefonat mitschneiden und für immer aufbewahren würden, ist die FDP gegen jede Art von Bespitzelung. Es ist das EINE Thema, mit dem die Liberalen versuchen, fast schon menschlich rüberzukommen.

Die Gralshüterin des Datenschutzes ist Justizministerin Sabine Leutheusser-Schnarrenberger, die man trotz ihres kleinen Nachnamen-Handicaps mögen MUSS! Und zwar weil vielen Innenpolitikern der CSU schon beim Gedanken an sie die Halsschlagader zuschwillt. Für die alten Gamsbärte ist die «Schnarri» quasi der verlängerte Arm von Al Kaida. Denn sie besteht auf altmodischen Kram wie Bürgerrechte und Privatsphäre. Neben Rainer Brüderle (der einen immer irgendwie an den Opa aus der «Werthers Echte»-Werbung erinnert) und Annette Schavan (die einen immer irgendwie an die Verkäuferin im Tante-Emma-Laden aus dem anderen «Werthers Echte»-Spot erinnert) ist die «Leuthi» eins von drei sympathischen Mitgliedern des Kabinetts Merkel.

Wobei die CSU natürlich auch was gegen den gläsernen Menschen macht. Und zwar in Gestalt von Ilse «Dioxin im Ei wird überschätzt» Aigner, unserer feschen Verbraucherschutzministerin. Die fackelt nicht lange. Als zum Beispiel Facebook beim Datensammeln mal wieder zu weit gegangen war, da hat die Aigner allen Ernstes – alle Mann einkremen und anschnallen – mit der Kündigung ihrer Facebook-Mitgliedschaft gedroht! Jaha! Da haben aber der Zuckerberg und seine Spießgesellen in Kalifornien vor Angst nächtelang kein Auge mehr zugekriegt.

Zum Glück haben wir ja auch noch unser gutes altes Bundesverfassungsgericht. Das hat es sich neuerdings zur Lebensaufgabe gemacht, der schwarz-gelben Regierung den «Arsch aus der Hose zu nerven». (Siehe auch Urteil zu Hartz IV.) Im Frühjahr 2010 erklärten die Karlsruher mit den lustigen roten Hüten das Gesetz zur Vorratsdatenspeicherung offiziell für verfassungswidrig. Die stets arg- und sorglosen Grünen freut so was natürlich.

Claudia Roth verteilt Backwaren in Form von Nullen und Einsen. Mit dieser Aktion will sie auf die massiven Gefahren von zu viel Kohlenhydraten aufmerksam machen.

Der Deutsche ist traditionell starken Stimmungsschwankungen unterworfen. Während Satellitenbilddienste wie «Google Earth» oder «Google Maps» auf breite Zustimmung stießen, löste «Google Street View» eine Welle der Empörung aus. Haus von oben gucken – klar, warum nicht? Haus von vorne gucken – seid ihr wahnsinnig? Das sind doch Stasimethoden!

Um die Deutschen zu beruhigen, werden auch bei «Street View» die Bilder stark zeitversetzt gesendet. Was totaler Schwachsinn ist, weil man dann erst Monate später sieht, wenn bei einem eingebrochen wird.

Endgültig in Verruf geriet «Google Street View» dann durch eine peinliche Panne. Aus Versehen, wir betonen ausdrücklich: AUS VERSEHEN haben die mit ihren lustigen schwarzen Kameraautos nicht nur Häuser fotografiert, sondern auch Internet-Zugangsdaten und E-Mails ausspioniert. Wer kennt das nicht? Man geht morgens Brötchen holen und raubt dann auf dem Weg zum Bäcker aus Versehen zwei Banken aus. Wer im Glashaus sitzt, der sollte möglichst selten aufs Klo gehen! (Alter Google-Witz.)

Datenklau

Das ist mal wieder typisch deutsch. Ein Aufschrei geht durchs
Land. Google fotografiert meine Hausfassade! Datenklau! Privatsphäre! Lächerlich. Ich hab mich spontan ausgezogen, als
das Google-Street-View-Auto vorbeigefahren ist. Man will der
Nachwelt ja was hinterlassen.

Die Jungs von Google sind zu Recht enttäuscht von uns. Gerade aus Deutschland
hätten sie mehr Verständnis erwartet.
Schließlich hat die Stasi bei uns 40 Jahre
lang aus Versehen Daten gesammelt.

Aber diese ewig rumjammernden Gut-
menschen werden sich noch wundern. Die
Google-Typen wissen jetzt, wo wir wohnen,
und wenn man weiß, wo jemand wohnt, dann
kann man den auch mal morgens um fünf
abholen.

Und was ist denn da schon groß gespeichert
worden von Google? Welche «prickelnden»
Informationen? Hier Oliver Welkes Google-Suchanfragen:
«Haarverpflanzung», «Fettabsaugen» und «Reizdarm». Ob das
jetzt gespeichert wird oder nicht, wen juckt's?

Außerdem hat Google die Daten eh schon aus Versehen weiter-
verkauft. Und das Geld, das sie dafür bekommen haben, haben
sie aus Versehen schon ausgegeben. Tut ihnen aber echt leid.

Martin Sonneborn

INSISTIERT INVESTIGATIV

Montagmorgen, halb zehn. Noch 44 Millionen Häuser fotografieren, ächz!

Schönen guten Tag, wir sind von Google Home View, wir wollten die Fotos machen – von Ihrer Wohnung.

???

Ein Wohnzimmer und ein Schlafzimmer und eine Küche ...

... und 'ne Veranda!

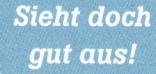

Mist, auf einmal gibt's Ärger!

Aber Martin lässt sich nicht einschüchtern

Der Bundespräsident ist das deutsche Staatsoberhaupt, unser Ersatzkönig, der «Boss im Schloss». Kleiner Nachteil: Während Queen Elizabeth ein echter Touristenmagnet ist, kommen erschreckend wenig Japaner nach Berlin, um unseren «Präsi» zu fotografieren oder zu füttern.

Laut Grundgesetz wird der Bundespräsident nach langem, möglichst unwürdigem Parteiengekungel alle fünf Jahre von der Bundesversammlung gewählt. Ideale Kandidaten sind Parteisoldaten, die in Sachen Durchschnittlichkeit weit über dem Durchschnitt liegen und möglichst keinem «weh tun».

Der Bundespräsident unterschreibt nach Bundesjugendspielen sämtliche Siegerurkunden persönlich. Außerdem übernimmt er die Ehrenpatenschaft für jedes siebte Kind einer Familie. Gegen Aufpreis kommt er auch zu den ersten zehn Kindergeburtstagen, geht aber ausdrücklich nicht mit in die Hüpfburg.

Nummer 1 lebt

Der Bundespräsident

SCHLAFES LANGWEILIGER BRUDER

> «Wenn Sie vielleicht auch ganz persönlich dafür sorgen könnten, dass unserem Staats-oberhaupt, dem Bundespräsidenten, der nötige Respekt entgegengebracht wird.»
>
> ANGELA MERKEL, *Bundeskanzlerin*

– Sehr gern, Frau Bundeskanzlerin. –

Lieber Leser, erinnern Sie sich noch an Horst Köhler? Nein? Macht nichts. Er war bloß mal Bundespräsident. Und so ein Ex-Bundes-präsident ist wie «Raider» oder die Eissorte «Brauner Bär»: Man kann sich dran erinnern, muss aber nicht.

Was macht der Bundespräsident eigentlich? Er macht sich nicht ka-putt, so viel ist mal sicher. Schiffe taufen, Krötentunnel einweihen und ernst gucken. Das ist es im Wesentlichen.

Dafür darf er in einem Schloss wohnen und bekommt circa 200 000 Euro Jahresgehalt auf Lebenszeit (auch nach seiner Amtszeit). Aber das absolut Aller-ober-Coolste:

Er kriegt einen gepanzerten Monster-Luxus-Dienstwagen mit dem Nummernschild «0-1»! Wie geil ist das denn bitte? Einfach nur «0-1»! Nicht mal ein «B» für das blöde Berlin davor! Damit heißt es an der Ampel neben dem Gangster-Rapper in seinem miesen 3er-BMW: Schön lang hängen lassen! Respekt, Alter!

Das Ehepaar Köhler erklärt seinen Rücktritt. Mit sofortiger Wirkung. (Nachgestellte Szene durch das Laientheater Mainz.)

Einen Job mit einem dermaßen unfassbar geilen Nummernschild lässt natürlich keiner freiwillig sausen. Außer dem erwähnten Horst Köhler. (Bekannt durch die «Bild»-Schlagzeile: «Horst wer?»)

Er war der achte von insgesamt neun Präsidenten. Und der erste, der freiwillig zurückgetreten ist. (Fußnote für Historiker: Heinrich Lübke beendete seine zweite Amtszeit zwar auch drei Monate zu früh mit einem fröhlichen: «Das war's, liebe Neger», aber das war a) nicht wirklich freiwillig und b) immer noch fast zehn Jahre zu spät.)

Und warum trat Köhler am 31. Mai 2010 zurück? Weil er in einem Interview sinngemäß gesagt hatte, Deutschland führe so eine Art Krieg. AUCH um seine wirtschaftlichen Interessen zu wahren. Das ist zwar in der Sache völlig richtig, darf aber nie gesagt werden. Konsequenz: Wutgeheul in der Opposition und eine Reihe echt fieser Artikel. Frau Merkel hätte den Köhler auch echt gerne in Schutz genommen, ist aber aus Termingründen nicht dazu gekommen.

Und weil irgendjemand dem «Hotte» erzählt hat, es sei in Deutschland verboten, das Staatsoberhaupt zu kritisieren (eine Verwechslung: Tatsächlich ist es verboten, den Bundestrainer zu kritisieren), trat der Präsident tief verletzt zurück.

Zwei schöne Begriffe für ein und dieselbe Sache.

BELEIDIGTE KÖHLERWURST

BELEIDIGTER LEBERHORST

Der feine Herr Köhler hat keinen Bock mehr! «Meinem Amt ist nicht der nötige Respekt entgegengebracht worden!»

Ja, da kotz ich doch im Strahl!! Ja, wer hat denn das schöne Amt weggeworfen wie eine alte Rotzfahne?! Für solche Leute gibt's im Lateinischen ein schönes Wort: Pussies!!!

Schwamm drüber. Für einen Job mit dem coolsten Nummernschild aller Zeiten findet sich doch ratzfatz ein Nachfolger. Margot Käßmann zum Beispiel wäre nicht schlecht gewesen. Vor allem, weil man als Bundespräsidentin ja nicht mehr selber fahren muss. Oder auch die von der Leyen. Wer sieben Kinder hat, der kann auch in Afghanistan für Ruhe sorgen.

Beide hatten allerdings ein schweres Handicap in der tendenziell konservativen Bundesversammlung – sie sind tatsächlich Frauen. Auch ein weitschweifiger Ossi wie der Herr Gauck hat da schlechte Karten.

Also hat sich die Merkel flugs eines weiteren Rivalen entledigt und Christian Wulff aus dem Weg «befördert».

Christian Wulff, im Grunde der Golden Retriever unter den Unionspolitikern. Stinklangweilig, zu nix zu gebrauchen, aber irgendwie süß. Und wie jeder neue Bundespräsident musste auch Wulff versuchen, mit einer sogenannten «großen» Rede zu punkten. Da ist ein Jubiläum wie 20 Jahre Wiedervereinigung der ideale Anlass. Eine im Kern brutal langweilige Veranstaltung. Bis Wulff, strategisch clever im hinteren Teil seiner Rede, als alle schon schön muckelig am Wegratzen waren, etwas dermaßen Provokantes sagte, dass er eigentlich gleich wieder hätte zurücktreten müssen:

> **«Das Christentum gehört zweifelsfrei zu Deutschland. Das Judentum gehört zweifelsfrei zu Deutschland. Aber: Der Islam gehört inzwischen auch zu Deutschland.»**
>
> **CHRISTIAN WULFF**

Der Islam gehört zu Deutschland?! Das haut ja wohl den stärksten Mufti vom Minarett beziehungsweise den Bischof vom Ministranten!

Das passt doch gar nicht zu unseren christlich-jüdischen Wurzeln, die uns neuerdings allen so wichtig sind, obwohl die meisten Deutschen bis vor kurzem gar nicht wussten, dass sie welche haben. Ein Aufschrei ging durchs Land.

Das liest sich, als hätte der Präsident die Zwangsbeschneidung für alle gefordert. Christian Wulff, die Inkarnation von harmlos, hat lediglich versucht, mal was Versöhnliches und Verbindendes zu sagen. Im Grunde klassisches «Präsidentensprech». Aber so ist das jetzt in Sarrazin-Deutschland – wir lassen uns unsere geliebte Überfremdungsangst von keinem mehr nehmen.

Da darf man sich nicht wundern, wenn Bundespräsidenten bald gar nichts Spannendes mehr sagen. Dabei ist doch das Wort das einzige Instrument unserer ziemlich machtlosen Staatsoberhäupter. Macht doch mal was draus! Überrascht uns!

Die ideale Rede eines anständigen Bundespräsidenten, kurz nach seiner Wahl

Liebe Landsleute, Sozialschmarotzer, Besserverdiener, Staatslurche, liebes Gesocks, Volk von Jammerlappen und Elektrosmog-Hypochondern

Ihr kotzt mich jetzt schon an. Deshalb werde ich noch heute Nachmittag zurücktreten. Und ich sage euch warum: Ihr seid zu fett, zu doof und guckt zu viel Scheiße im Fernsehen. Ihr dürft eure Kinder umsonst zur Schule schicken und sorgt nicht mal dafür, dass sie's tun. Jeder halbwegs begabte Volltrottel darf studieren, was er will, sogar Gendermainstreaming und Medienkompetenz, Millionen verfressener Arschmaden verjuxen alljährlich unsere Devisen in Touristenknästen rund um die Welt, auf jeden zweiten Insassen dieser Republik kommt ein PKW, jeder, wirklich jeder Blödmann hat mindestens so viel Einkommen, um sich tot zu saufen oder zu rauchen. Familien unter der angeblichen Armutsgrenze knipsen sich gegenseitig mit ihren Handys vorm Media Markt. Alle hinterziehen Steuern, arbeiten schwarz und bescheißen den Staat, wo es nur geht – die obere Einkommensschicht sowieso, aber auch die kleine Hartz-IV-Krampe ist da kein Kind von Traurigkeit. Liebe Bürger dieser Republik, ihr seid alle verdammte Egoisten, weltfremde Spinner und besteht bald nur noch aus Schlund und Rosette. Oben Schinkengriller rein und mit der «Bild» aufm Scheißhaus wieder raus – das ist eure Welt und zwischendurch WM gucken und grölen. Alle paar Wochen über die Mama ruckeln und sich von der Krankenkasse die Zivilisationsschäden bezahlen lassen. Bravo, ihr seid wirklich die abgebrochene Krone der Schöpfung. Jeder denkt nur an sich und hasst den anderen. Kein Wunder, dass ihr von einer Bande zweitklassiger Buffet-Grinser regiert werdet und deren Gefasel auch noch nachplappert. Wer die FDP wählt, der soll auch durch sie umkommen, wer der SPD noch glaubt, der glaubt auch, dass der Osterhase die Kinder bringt. Wer die Linke wählt, hält Geld für einen von selbst nachwachsenden Rohstoff. Die CDU hat gar keine Wähler, sondern nur Mitläufer. Und warum die Grünen überhaupt Mitglieder haben, das soll die Paläo-Psychiatrie in tausend Jahren herausfinden. Und weil das alles so ist und ihr lieben Blödköppe in diesem an sich gar nicht mal so schlechten Land alle nur am Rumköhlern seid, habe ich echt null Bock, der Präsi von euch bescheuerten Opfern zu sein. Geht alle kacken! Aber weil ich selber auch ein gieriges Stück Scheiße bin, genau wie ihr, nehme ich die Wahl an und trete erst danach zurück. Das heißt: Ehrensold bis zum Arschzukniff, Chauffeur, Büro und Sekretärin zum Vögeln mitten am Nachmittag – und das alles zahlst du, Blödmann, wenn du denn überhaupt irgendwas einzahlst in diesen Staat. Amen! Halleluja und Hirn raus zum Gebet.

Das war meine Antrittsrede als nicht gewählter Bundespräsident, und ich habe sage und schreibe nur viermal «Scheiße» gesagt und zweimal «Arsch» – da geht's aber in gewaltigen Schritten Richtung Hochkultur, wenn ich nicht aufpasse.

(Dietmar Wischmeyer)

Was haben der Euro und ein Kind aus Berlin-Neukölln gemeinsam? Beide geraten noch vor dem zehnten Geburtstag in ernste Schwierigkeiten.

Dabei hatte alles so harmlos angefangen: 1989 wurden in Deutschland neue Geldscheine eingeführt. Die waren aber unglaublich hässlich, und so musste man sich 2001 eine völlig neue Währung ausdenken: den Euro.

Und für den folgte auf einen ungebremsten Höhenflug ein beispielloser Absturz. Die weltweite Finanzkrise und ein paar «Hallodri»-Staaten rissen den blutjungen Euro in die Krise.

Wer ist schuld? Die Schulden natürlich. Am Pranger stehen die Schmuddelkinder der Währungsunion, die sogenannten «PIIGS»-Länder: Portugal, Irland, Italien, Griechenland und Spanien. War ja klar. Südländer und Alkoholiker können einfach nicht mit Geld umgehen.

Ihretwegen grassiert in Deutschland eine völlig idiotische D-Mark-Nostalgie. Befeuert von Leuten, die sich grundsätzlich nach früher sehnen, als die Kugel Eis noch fünf Pfennig kostete und Bernd Clüver Top-Ten-Hits hatte.

Traurig, aber wahr: Kein Land ist so abhängig vom ollen Euro wie unseres. Im Übrigen war die gemeinsame europäische Währung schließlich der Preis, den Helmut Kohl für die deutsche Einheit zahlen musste. Und ob wir nun für einen Staat Solidaritätszuschlag bezahlen oder für drei oder vier – das macht den Kohl nun auch nicht mehr fett.

«Haste mal 'ne Mark?»
Die Krise des Euro

Die Gründe für die Eurokrise sind komplex. Aber eins ist sicher: Wenn Merkel und Co weiterhin behaupten, Staaten wie Griechenland oder Portugal zu retten, dann ist das, im Jargon erfahrener Volkswirte, eine dreckige Lüge.

Gerettet werden in Wirklichkeit einmal mehr die Banken. Auch deutsche Banken, die mit griechischen Staatsanleihen einen «Arsch voll Geld» (Fachausdruck) verdienen. Wenn Griechenland irgendwann ganz den «Arsch zukneift» (noch ein Fachausdruck), dann kneifen vielleicht auch die Banken selber «den Arsch zu». In der Folge wären die Spareinlagen der Bürger gefährdet, und weil die Bürger dann schlechte Laune kriegen und schließlich auch Wähler sind, muss die Politik flugs reagieren.

Natürlich nicht mit MEHR Bankenaufsicht, denn das wäre ja Sozialismus. So was fordern deutsche Politiker zwar gerne mal, aber immer in dem wohligen Bewusstsein, dass sich das international ja «leider» nicht durchsetzen lässt.

Eine der goldenen Regeln des Kapitalismus lautet daher nach wie vor: Die Banken kriegen den Profit, der Steuerzahler das Risiko. So hat jeder was davon.

750 Milliarden Euro für den Euro-Rettungsschirm. Tschau! Wir werden euch vermissen.

Der Hassknecht-Kommentar

Unsere Politiker haben ja seit der

ersten Bankenkrise auch schon einiges

getan, um die Zockerschweine an die

Kandare zu legen, und zwar, Moment,

ich hab's mir hier aufgeschrieben ...

einen Scheiß!!!

Als Banker braucht man ein dickes Fell. Vor allem wenn man bei der Hypo Real Estate arbeitet. Deren Bosse haben sich erst verzockt, mussten dann mehrmals mit Steuermilliarden gerettet werden und verzichten trotzdem nicht auf ihre Bonizahlungen. Klingt eklig, ist aber ganz einfach zu erklären.

Das hier ist ein Banker. Der Banker ist Banker geworden, weil er Geld mag. Mehr als irgendwas sonst auf der Welt. Und wenn so einer einen Vertrag hat, in dem drinsteht, dass ihm Bonuszahlungen in Millionenhöhe zustehen, dann nimmt der die! Auch wenn seine Bank gerade mit Milliarden vor der Pleite gerettet werden musste.

Jeder, der das für unmoralisch hält, hat etwas Grundsätzliches nicht verstanden: Diese Leute sind hochqualifizierte Experten. Denen muss man viel Geld zahlen, damit die nicht zu einer anderen Bank wechseln.

So ein Unsinn, Oliver! Die Hypo Real Estate ist doch keine «Zombiebank». Nachdem der Staat da 150 Milliarden reingepumpt hat – ist das UNSERE Zombiebank!

Kurze Zwischenfrage: Wenn die
Mitarbeiter so wahnsinnig gut sind …
warum ist die Drecksbank dann pleite?
Die ist doch klinisch tot, diese
Zombiebank! Und das hat sie sich
auch redlich verdient.

Eine Bank kann eben nicht aus ihrer Haut. Was macht sie also, nachdem man sie mit Steuerkohle gerettet hat? Sie attackiert mit Hilfe von Währungsspekulationen sofort schwache Staaten. Warum sind die schwach? Weil sie die Banken vorher mit Steuergeld retten mussten.

Der Kreis des Grauens schließt sich. So sind sie eben, die Spekulanten. Die schubsen alte Damen vor die U-Bahn, um den zermalmten Leichnamen anschließend die Brieftaschen zu mopsen. Und das ist nicht metaphorisch gemeint.

Oli: Ulrich, Spekulanten wetten auf
Staatspleiten und verschärfen damit die
Probleme. Ist das so richtig?
Von Heesen: Exakt. Wenn Sie die
Typen retten, dann ist das so, als ob
Sie den Kakerlaken den Schlüssel zur
Speisekammer geben.
Oli: Stimmt. Oder so, als ob Sie den
Geiern 'ne Pistole geben, damit sie sich
ihr Aas selber schießen können.
Von Heesen: Oder, noch bizarrer: Das
ist so, als ob Sie Ihrer Frau den Autoschlüssel geben …

Griechenland ist pleite

Doch zurück zu den PIIGS. Wenn ein Land tatsächlich über Jahre unermüdlich auf die Eurokrise «hingearbeitet» hat, dann ja wohl Griechenland. Und wie sang schon Udo Jürgens:

> *Griechischer Wein ist so wie das Blut der Erde,*
> *komm, schenk dir ein,*
> *und wenn ich dann traurig werde,*
> *liegt es daran,*
> *dass ich mir euer Staatsdefizit ansehe.*

Die letzte Zeile lässt sich wahnsinnig schlecht singen, stimmt aber in der Sache. 13 Prozent Staatsdefizit! Wäre Griechenland eine Privatperson – Peter Zwegat säße längst am Küchentisch und würde kopfschüttelnd die Unterlagen durchgehen.

> **«Witz der Woche»**
>
> Ein Grieche, ein Portugiese und ein Italiener gehen in den Puff. Wer zahlt? Deutschland! Bruhaha!

Eigentlich darf im Falle Griechenland keiner überrascht tun. Als die damals mit plump gefälschten Bilanzen dem Euro beigetreten sind, hat sich auch die Bundesregierung schön doof gestellt. «Schulden? So what? Kommt erst mal an in der Eurozone, Leute. Der Kühlschrank steht da vorne.»

Die griechische Wirtschaft fußt im Wesentlichen auf zwei Säulen: Schafskäse und Ouzo. Quittungen sind weitgehend unbekannt. Der Durchschnitts-Grieche arbeitet im Staatsdienst, verdient einen fünfstelligen Netto-Betrag bei 22,5 Wochenstunden und geht mit spätestens 48 in Rente.

Das geht natürlich nur so lange gut, bis die Bank einem den Dispokredit streicht. Dann muss man bei den Eltern anrufen und sich Geld leihen. Oder – wenn man keine Eltern mehr hat – bei den Deutschen.

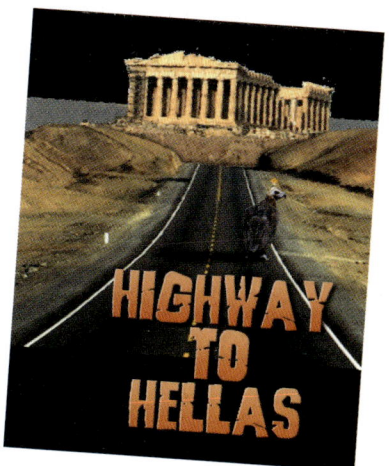

Private Kredite kriegen die Griechen leider nur noch zu horrenden Zinsen (siehe Moskau-Inkasso). Vor allem weil private Ratingagenturen ihre Kreditwürdigkeit runtergestuft haben. Auf den Status – und wir bemühen einmal mehr einen ökonomischen Fachausdruck – «beschissen». «Ramsch-Status» heißt das tatsächlich ganz offiziell.

Man kann es auch wunderbar anhand von Gebrauchtwagen veranschaulichen.

> Dieses Auto entspricht der Kreditwürdigkeit von Deutschland. Topzustand, da schnalzt die Ratingagentur geradezu sexuell erregt mit der Zunge und sagt: A plus!

> Das hier wäre jetzt ein finanziell nicht mehr ganz so dolles Land, sagen wir mal, Italien. Schon etwas abgeranzt, aber es fährt. Irgendwie.

> Wenn Griechenland ein Gebrauchtwagen wäre, dann sähe der so aus: Reparatur lohnt nicht mehr, einfach anschieben und langsam in die Ägäis rollen lassen.

Das Gesicht von Costa Cordalis kann leider auch mit den 750 Milliarden Euro aus dem Rettungsschirm nicht wiederhergestellt werden.

INSISTIERT INVESTIGATIV

> *Guten Tag, Sonneborn von der EU. Wir suchen Paten für verarmte Griechen ...*

Sie sind von der EU? Ich hatte aber nichts bestellt.

Das ist Costas Papanastaio. Der hat ein Fischereidiplom. Grundschule, Kenntnisse: Hochseefischerei, Tiefseefischerei. Sechs Kinder, zwölf Enkel, wo könnte der unterkommen? Haben Sie 'ne Garage? Ich würde niemandem zumuten, im Schuppen zu wohnen. Na ja, die Griechen haben nicht so hohe Ansprüche.

Zumal ja auch Deutschland seinen Beitrag zur Euro-krise leistet. Durch ein eher niedriges Lohnniveau und unseren Exportüberschuss. Aber mit solchen Petitessen würde man den «Bild»-Leser nur unnötig verwirren. Also lieber weiter Griechen-Bashing.

Wir haben Carsten van Ryssen nach Griechenland geschickt, mit einem Angebot, das man nicht ablehnen kann. Der Deal: Wir sichern weiter die Schulden der Hellenen ab, und die geben uns im Gegenzug beim Eurovision Song Contest zwölf Punkte. Mindestens.

Wenn EINE alte Oma schuld ist an einer globalen Finanz-krise, dann ahnt man: Die «Bild»-Zeitung wird doch von Schimpansen geschrieben.

Korruption, Bestechung, Steuer-hinterziehung – im Griechischen gibt es dafür ein sehr lustiges Wort: Fakelaki. Und Bestechung im ganz großen Stil ist «Mother-Fakelaki».

Zickizacki Fakelaki

Von Carsten van Ryssen (Außenreporter)

«Nee, Horst, nicht da draufdrücken!», ruft der statt-
liche junge Mann im dunkelblauen Anzug mit den drei Streifen
am unteren Ärmelende. Es ist kurz nach fünf. Im Speisesaal
des MARITIM am Düsseldorfer Flughafen kämpft Horst mit
dem Kaffeeautomaten. «Ja, wo denn dann, Dieter?» Horst schaut
kurz in meine Richtung. Ich habe meinen Kaffee vor mir stehen,
beiße müde in ein Croissant und beobachte das ungeschickte
Getue. Im MARITIM gibt es um diese Uhrzeit noch kein «richtiges» Frühstück. Man kann am Vorabend an der Rezeption ein
Lunchpaket bestellen oder zwischen fünf und sechs den Kaffeeautomaten selbst bedienen und in ein Körbchen mit Croissants
greifen.

«Ach, Scheiße, jetzt kommt hier nur heißes Wasser raus!?»,
jammert Horst. «Die Tasten daneben, Horst. Zweite von rechts,
kleine Tasse, dritte von rechts, große Tasse Kaffee. Was machst
du denn da?!» Erst jetzt bemerke ich, dass Horst einen Streifen
mehr als Dieter trägt. Mir wird mulmig. Hoffentlich ist es nicht
Horst, der meine Kollegen und mich in knapp anderthalb Stunden nach Thessaloniki fliegt.

Kurz nach sieben. Wir sind in der Luft. Horst ist nicht der
Kapitän. Die Griechen sind pleite, und in vier Tagen vertritt uns
Lena Meyer-Landrut mit «Satellite» in Oslo. Klingt bescheuert,
ist es aber nicht.

Unser Team ist in einer heiklen Mission Richtung Zentral-
makedonien unterwegs. Welke will wissen, ob die Griechen
bereit sind – im Gegenzug für unsere EU-Millionen –, für Lena
zu stimmen.

Stavros, unser Ton- und Kameraassistent, ist im Flieger
der festen Überzeugung, dass das klappt. Er grinst mich ver-
schmitzt an, kramt in seiner Tasche und zieht ein Kuvert hervor.
«Schau mal, was ich hier habe.» Stavros öffnet den Umschlag,
streicht über ein Bündel präparierter Euroscheine und flüstert:
«Zickizacki Fakelaki. Alles kein Problem, Carsten.»

122

Stavros lebt schon lange in Köln, ist aber in Thessaloniki geboren und aufgewachsen, kennt sich also bestens mit den griechischen Gepflogenheiten aus. «Nix Spesen, Bestechungsgeld. Fakelaki.» Wir lachen und stoßen auf die Griechen mit Tomatensaft an.

Vier Stunden später stehen wir mit unserem Equipment bei gefühlten vierzig Grad Celsius am oberen Ende der bekannten «Aristotelous» in Thessaloniki. Hier befindet sich der Eingang zu den Markthallen. Wir schwitzen wie die Schweine. Ich besonders. Ich trage einen Anzug. Tomatensaft, Wasser, Kaffee und Cola sind lange verdunstet.

Regisseur und Realisator Claudio Luciani hat sich im T-Shirt vor mir aufgepumpt und hält mir zwei Plakate mit Lena unter die Nase. «So, Freundchen, die nimmst du jetzt, gehst da rein und fragst, ob du die dadrinnen aufhängen darfst, klar?!» Christian schultert die Kamera. Los geht's. Wir verschwinden in der Menge.

Nach wenigen Metern halte ich vor einer kleinen Kneipe. Der Kellner erkennt das Kamerateam und eilt frohgelaunt auf mich zu. Ich versteh kein Wort. Stavros übersetzt. Er macht seine Sache gut. So gut, dass der Wirt uns hereinbittet. In Sekundenschnelle hängt Lena über dem Tresen. Und mit ihrer schwarzen Brille auf der Nase erinnert sie ein wenig an die blutjunge Nana Mouskouri.

Ich bin kurz davor zu dehydrieren, muss unbedingt etwas trinken. Sofort. Das bemerkt auch der Wirt. Er verschwindet hinter dem Tresen und kommt mit einem vollen Glas zurück. Endlich, Wasser, denke ich, nehme das Glas und rufe «Yamas!» in die Runde. Die sechs männlichen Gäste an den winzigen Resopaltischen erwidern mein «Prost!», und ich trinke alles in einem Zug aus.

Kurz Totenstille, dann schallendes Gelächter. Van Ryssen, du Rindvieh. Das war Ouzo! Null Komma zwei Liter Anisschnaps, vierzig Prozent Alkoholgehalt, in zwei Sekunden. Das kann nicht gutgehen. Geht es aber.

Die Männer sind beeindruckt, das Eis gebrochen. Ich bestelle eine Runde Ouzo für alle. Für mich natürlich auch. Also noch mal: Hoch die Tassen und schön die Gesamtstrategie im weichgezeichneten Auge behalten. Hemmungslos trällere ich Lenas Song und ende textlich immer mit «Fakelaki». Nach einer halben Stunde habe ich die griechischen Frührentner überzeugt. Alle versprechen mir, für Lena zu stimmen. Einer skandiert zum Abschied: «Merkel, Merkel, Merkel!» Der Wirt hat alle Ouzo übernommen. Ich bin dicht und will mehr. Also schnell raus auf die Straße.

Luciani drückt mir einen Stapel vorbereiteter Verträge in die Hand. Darauf steht: «Als Gegenleistung für die Rettung der griechischen Wirtschaft durch Deutschland verpflichte ich mich hiermit, am 29.5.2010 beim ‹Eurovision Song Contest› für Lena Meyer-Landrut zu stimmen. Des Weiteren setze ich mich dafür ein, dass mein Land auf Zypern verzichtet.» Stavros übersetzt, die Griechen unterschreiben. Wahnsinn!

Als am späten Nachmittag zwei entzückende Griechinnen – ohne mit den Wimpern zu zucken – über mein gezücktes Euro-Kuvert herfallen, ruft Luciani endlich: «Drehschluss!»

Oslo, drei Tage später. Dreiundzwanzig Uhr dreiundvierzig: zwei Punkte für Lena. Raten Sie mal, von wem.

«Irland wird nicht so schnell ein Hilfersuchen stellen, wir sind noch in der Lage, für uns selbst zu sorgen.»

Irland ist pleite

Und wie wir heute wissen: Van Ryssens Plan ist voll aufgegangen. Umso absurder, dass nicht er, sondern Stefan Raab für Lenas Sieg 2010 gefeiert wird.

Weil es aber in der Tat viel zu billig wäre, nur doofe alte Griechenklischees zu pflegen, sollte man «dem Iren» ruhig auch noch «einen mitgeben» (Fachausdruck).

2009 sah Irland noch so aus. Ziemlich gut.   **2010 nicht mehr.**

Ein Blick ins Standardwerk: Das «Guinness-Buch der Schuldenrekorde» macht deutlich, WIE VIEL Geld die Iren brauchen: einen «gottverdammten Riesenhaufen».

Allerdings sind die Bewohner der Grünen Insel stolze Menschen. Die haben ihre Prinzipien. Was einmal gesagt wurde, gilt.

Ratgeber für irische Ministerpräsidenten in der Finanzkrise
Auch wenn Sie komplett pleite sind, lassen Sie sich zunächst nichts anmerken. Passen Sie den richtigen Moment ab!

9 Min. 37 Sek. später

Kein Problem, wir helfen gerne! Wenn's irgendwo brennt in der Eurozone, dann kommt die Schulden-Feuerwehr, also Deutschland. Griechenland, Irland, egal, wir helfen ALLEN mit unseren Milliarden.

«Ich bestätige, dass die Regierung bestätigt hat, dass Irland um finanzielle Hilfe bitten wird.»

Im Unterschied zum Fall Griechenland hat sich der deutsche Boulevard hier allerdings seltsam zurückgehalten. Warum eigentlich? Wegen der gemeinsamen keltischen Vorfahren?

In der Krise hat der Deutsche ein Recht auf ein gesundes Feindbild! Ich erwarte von der «Bild»-Zeitung AUCH konstruktive Iren-Hetze!

Von Heesen: Das Geld im EU-Rettungsschirm reicht angeblich noch für Irland und Portugal.
Oli: Aha. Und was machen wir, wenn Spanien auch noch pleitegeht?
Von Heesen: Das kann ich Ihnen sagen, was wir dann machen.

Vernünftige Maßnahme. Zumal Experten sagen, dass die «PIIGS» ihre Schulden am Ende ohnehin nicht werden zurückzahlen können. Das Ganze läuft auf eine Umschuldung hinaus. Auf Schuldenverzicht. Schon wieder so ein hässliches Wort, mit dem man die Wähler nur unnötig verwirrt.

Allerdings gibt's ja in Deutschland viel weniger ECHTE Finanzexperten, als man so denkt. Insbesondere in der Bundesregierung herrscht ein eklatanter Mangel, weil die Kanzlerin seit Jahren jeden wegbeißt, der zu viel Ahnung hat.

Apropos: Was macht eigentlich Friedrich Merz?

DEUTSCHE HELDEN

Friedrich Merz

E s ist Wochenende, Friedrich Merz hat frei. Eigentlich hat er andauernd mehr oder weniger frei, an jedem Wochenende, seitdem er nicht mehr im Bundestag sitzt. Jetzt sitzt er stattdessen zu Hause in seinem Sauerland und dort in seinem Sessel. Heute will er mal wieder so richtig die Sau rauslassen. In der Garage steht vollgetankt das Zündapp-Mofa, und im Radiorekorder liegt abspielbereit die Kassette mit den Tophits von der George Baker Selection. Friedrich Merz stiehlt sich durch die Gartentür aus dem Haus – alle anderen schlafen noch. Mit einem Tritt erwacht das mörderische 2-Takt-Aggregat zum Leben. Der 10-mm-Bing-Vergaser versorgt gigantische 49 ccm mit erstklassiger Gemischaufbereitung. Friedrich Merz steigt auf den Bananensattel, der High-Rider-Lenker fühlt sich noch genauso an wie damals. Zwischen den Griffen hat er seinen Schaub Lorenz eingehängt, er drückt die Play-Taste, und die George Baker Selection röhrt ihr unnachahmliches «Una paloma blanca» durch die verschlafene Siedlung im Sauerland. Friedrich Merz dreht am Gasgriff. 1,5 PS zerren an der Fliehkraftkupplung, und hui, los geht die wilde Jagd. Friedrich Merz ist wieder ganz der Rocker, der er auch in den Siebzigern war. Die Stoppelfrisur flattert im Wind – einen Helm braucht er nicht, denn er ist ja schließlich Friedrich Merz, ehemaliger CDU-Hoffnungsträger. Unterwegs grüßt er leutselig ein paar brave Sauerländer Kerle, die besoffen vor der Videothek liegen. Sie kennen ihn hier, ihren wilden Friedrich. Mit einem Riss hat er die Zündapp vom Asphaltband auf den Radweg gerissen. «Keine Mofas», liest Friedrich Merz im Vorbeiflug. «Harharhar, kriegt mich doch, ihr Bullenschweine», denkt der CDU-Desperado und lässt den Einzylinder durch den jungen Morgen belfern. Mit gekonntem Griff dreht er die Kassette im Schaub Lorenz um: Die Les Humphries Singers mit «Kansas City», das war die ultimative Outlaw-Hymne seiner Jugend. Heute kennt er Jürgen Drews persönlich. «Mann, Scheiße, Fritz, wer hätte das gedacht?», grinst Friedrich Merz in den Rückspiegel der Zündapp hinein. Noch 45 Kilometer bis Iserlohn. «Hinter Plettenberg gibt es kein Gesetz mehr», erinnert er sich an einen Spruch aus seiner wilden Zeit, «und hinter Iserlohn keinen Gott.» Eine halbe Stunde ist er nun schon «on the road», und das Ziel seines Ausritts kommt näher, die B 236, dort hat er auf der Fahrt heim ins Sauerland Merkel-Plakate gesehen. Das Flintenweib hat es gewagt und das Heilige Land des Friedrich Merz beschmutzt. Dafür wird sie büßen. Schon hat er den Edding aus dem Holster unter seiner Achsel gezogen, mit den Zähnen reißt er die Kappe vom Filz. Das erste Plakat baumelt über seinem Kopf an einer Laterne. Friedrich Merz zückt den breiten Faserschreiber, und mit geübtem Strich fetzt er der Ostschlampe ein GröFaZ-Bärtchen in die Nieselregenvisage. Siegestrunken steht der einzig wahre, aber ehemalige Fraktionsvorsitzende der CDU in den Pedalen seines Zündapp-Mofas. Aus dem Schaub Lorenz eiert infolge chronischer Batterieschwäche der brutale Heavy-Metal-Klassiker «Promised Land» von den Les Humphries Singers. Stolz blickt Friedrich Merz auf seinen Voodoozauber und merkt leider nicht, wie ihm ein Polizeibeamter auf die Schulter tippt: «Na, was machen wir denn da, hm, Plakate der CDU beschmieren. Bist wohl ein Autonomer, was? Na, da komm mal mit aufs Revier, Freundchen.» Friedrich Merz hat sich sofort unter Kontrolle: «Warten Sie, Herr Wachtmeister, ich war, äh, bin selber in der CDU, ich heiße Jürgen Rüttgers», versucht Friedrich Merz es mit dem erstbesten Namen, der ihm einfällt. Doch ein Sauerländer Polizeiinspektor hat schon zu viel gehört in seinem Leben, als dass ihn das noch beeindrucken könnte: «Sicher, sicher, und ich bin Friedrich Merz, der soll ja auch hier aus der Gegend stammen.» – «Nein, ich bin Friedrich Merz», antwortet Friedrich Merz. «Nu werd aber nich frech, Bürschchen, sonst gibt's noch einen extra wegen Beamtenverarschung.»

Am Sonntagmorgen fährt eine schwarze Mercedes-Limousine vors Polizeirevier in Iserlohn. Friedrich Merz' Anwalt hat einen Deal mit der Strafverfolgungsbehörde gemacht. Sein Mandant wird nicht wegen groben Unfugs verknackt, sondern nur dafür, dass er sein Zündapp-Mofa frisiert hat. Mit stolzgeschwellter Brust verlässt Friedrich Merz die Wachstube: «Verknackt wegen Mofafrisieren, ein echtes Männerdelikt, schade, dass ich das keinem erzählen kann.»

(Dietmar Wischmeyer)

Rainer Brüderle erklärt den Internationalen Währungsfonds

Dä IWF is immähin eine so räbudadionskeladdene Inschdidudion

«Der IWF ist immerhin eine so reputationsgeladene Institution,

das ä au die Schoonze had, welweid durschzodringä

dass er auch die Chance hat, weltweit durchzudringen,

teshalp glaupe isch, diesn Ansadz hiä sufäffolgn

deshalb glaube ich, diesen Ansatz hier zu verfolgen,

is aussischdsraisch.

ist aussichtsreich.»

Grüner wird's nicht

Hoppla, wir sind Volkspartei

DEUTSCHLANDS SCHÖNSTE PARTEIEN

Die Grünen

Bundesrepublik Deutschland, Januar 1980. Die Rote-Armee-Fraktion hat verschissen, die SPD hatte schon unter Willy Brandt die Berufsverbote erlassen, durch Helmut Schmidt den Nato-Doppelbeschluss verabschiedet, in Brokdorf die Atomlobby geschützt, jetzt steht eine Volkszählung ins Haus, die Startbahn West wird gebaut, Wackersdorf geplant, und in zwei Jahren werden die ersten Pershing-Raketen in Mutlangen stationiert: Alles ist scheiße. Was aber noch viel scheißiger ist, mit einem lässig hingehudelten Soziologie-Studium gibt's keinen Platz an den Futtertrögen der Republik. Im Nacken die geburtenstarken Jahrgänge ab 1955, vor sich das Elend ewigen Taxifahrens und tief im Herzen die Erfahrung, dass die blöde Arbeiterklasse das Papier nicht wert ist, mit dem man sie gegen die Herrschenden aufwiegeln wollte. Was tun mit dem angefressenen Leben, noch ist nicht alles verloren! Und da besinnt sich ausgerechnet die Generation der Totalverweigerer auf eine urdemokratische Idee. In der Demokratie geht es zuvörderst um die Formulierung von Partialinteressen gegenüber der Gemeinschaft und die friedliche Durchsetzung derselben mit Hilfe von Bündnissen und Kompromissen. Darüber wird eine Tünche aus moralischem Geblubber gegossen, und fertig ist der Karriereförderverein «Politische Partei». Weil Christenkram und Sozialgedöns schon besetzt waren, zog man sich das Öko-, Umwelt- und Bio-Mäntelchen über. Mit der Zeit kamen noch Frauen, Homos und Migranten dazu, und siehe da, eine neue Partei war entstanden: Die Grünen. Mittlerweile ist auch dem letzten Castor-Frontkämpfer klar, dass dieser Laden sich nur unwesentlich von anderen politischen Karrierevereinen unterscheidet. Nur in einem Punkt sind sie noch immer einzigartig, auch nach dreißig Jahren: Während man sich sogar bei Roland Koch, Pofalla und Schäfer-Gümbel vorstellen kann, dass sie außerhalb ihrer politischen Witzfigurenrolle in einem normalen Beruf tätig sein könnten, wenigstens zur Not, geht das bei Claudia Roth nicht.

Die Grünen unterscheiden sich noch in einem anderen Punkt von sonstigen Parteien: Sie haben eine Basis. So nennt man das verstrahlte Magma, aus dem auf Parteitagen unvorhergesehene Eruptionen hervorbrechen. Direkt über dem Magma hat sich verkrustete Alt-Lava gebildet, die hauptsächlich an der Weiterzahlung ihrer Bezüge und immer einer Handbreit Rotwein unterm Kiel interessiert ist. Damit das Magma nicht merkt, was die Priesterkaste wirklich will, gibt es mehrmals im Jahr große Saturnalien fürs Volk: Gorleben, Stuttgart, Startbahn, Olympia, es findet sich immer was, wo man die gute alte Aktivisten-Romantik raushängen lassen kann. Der große Vorteil der Grünen ist, dass die Wähler es ihnen nicht übelnehmen, wenn sie sich dauernd selbst widersprechen und widerlegen. Willst du in dieser Partei überleben, dann musst du ein Großhirn aus Tofu haben. Eine beliebte Übung bei Grünen-Politikern ist es, sich eine Bundesdelegiertenkonferenz-Rede von Claudia Roth in voller Länge auf Video anzugucken, ohne in die Tischkante zu beißen. Wer das schafft, kann alles überleben. Trittin, Fritz Kuhn, Renate Künast, Cem Özdemir – das sind noch echte Männer, die noch den größten Schwachsinn um seiner selbst vertreten, wie sich das für einen echten Deutschen gehört.

Die Grünen wurden Ende der siebziger Jahre gegründet von Frühgescheiterten, die als Kind mit dem Gewaltverzicht auf der Waldorfschule nicht zurechtkamen. Nach der Zustimmung zum Einsatz im Kosovo und in Kunduz sind sie endgültig am deutschen Stammtisch angekommen.

(Dietmar Wischmeyer)

Die Grünen auf dem Weg zur Volkspartei? Oder bröckelt der lange prognostizierte Erfolg schon wieder? Und damit herzlich willkommen beim «heute show»-Grünen-Quiz, einem aus der «Brigitte» ausgeschnittenen Psychotest, der Ihnen verrät, wie grün Sie wirklich sind.

Das große «heute show»-Grünen-Quiz

Frage 1: *Union und FDP werfen den Grünen immer wieder vor, eine ganz bestimmte Partei zu sein. Was für eine?*

«Da sind wir angeblich mal die Milieupartei. Oder die Wünsch-dir-was-Partei. Oder die Latte-macchiato-Partei.»

Möööp! Leider falsch, seltsamer Mann mit den noch seltsameren Koteletten! Die korrekte Antwort lautet: Die Grünen sind die «Dagegen»-Partei.
Totaler Bullshit übrigens (Jugendsprache für Mumpitz). Zwar sind die grünen Umfragewerte 2010 durch die Decke geschossen. Aber keineswegs nur, weil die Grünen GEGEN Stuttgart 21 und GEGEN die Verlängerung von AKW-Laufzeiten sind, sondern natürlich AUCH wegen der neuen gelb-roten Pommes-Strähnchen in Claudia Roths Frisur.

Keine Frage: So wie dies das Buch zur «heute show» ist, sind die Grünen die Partei zum «Wutbürger». Opposition macht sexy. Tatsache. Je LÄNGER man in der Opposition ist, desto geiler finden einen alle. Weil man sich in vielen komplexen Fragen so angenehm wenig festlegen muss. Und den ganzen Murks aus der Schröder/Fischer-Ära haben die Wähler der Grünen doch längst wieder vergessen (Spätfolge der Kifferei). Womit wir auch schon bei **Quizfrage 2** wären: *Wie fand Jürgen Trittin, heute wieder Speerspitze der Anti-AKW-Bewegung, eigentlich damals als Umweltminister die Castor-Demos?*

«Gegen diese Transporte sollten Grüne in keiner Form – sitzend, stehend, singend, tanzend – demonstrieren.»

Nun die Frage: *Wie nennt man das, was Jürgen Trittin damals im Gesicht hatte?* Richtig: Pornobalken.

Und selbstverständlich hatte der Onkel Jürgen seinerzeit wenig Verständnis für Demonstranten. Weil sie ja gegen SEINE Politik demonstriert haben.

Wie gesagt: Regieren macht eher unsexy. Obwohl die Grünen mit ihrem chronischen Dagegen heute natürlich auch Gefühle verletzen. Zum Beispiel die von Rainer Brüderle.

«Seit letzten Sonntag sind die Grünen ja sogar gegen die Olympischen Spiele! Wenn's nach ihnen geht, gibt's kein Wintermärchen in Deutschland! Was haben ihnen denn die Olympischen Spiele getan?»

Ja, was haben die Olympischen Spiele den Grünen getan? Genau das ist unsere **Quizfrage 3**. *Hat*

Antwort a) *Claudia Roth nicht in den Skianzug gepasst?*

Antwort b) *Jürgen Trittin «versehentlich» beim Biathlon auf Cem Özdemir geschossen?* Nein.

Richtig ist c): Die Grünen sind aus Prinzip gegen Olympische Winterspiele.

Beneidet werden die Grünen vor allem um ihr Personal. Da tummeln sich legendäre Straßenkampfveteranen wie Jürgen Trittin, Hans-Christian Ströbele und Claudia Roth. Das offizielle Maskottchen der Partei: eine Frau, die so regelmäßig durch deutsche Talkshows tingelt, dass sie gar keine Wohnung mehr braucht.

Bei einem Bild passen Text und Bild nicht zusammen!
(Tipp: Es ist nicht das mit der gruseligen Frau.)

DEUTSCHE HELDEN

Claudia Roth

laudia Roths Wecker hat geklingelt. Es ist 6 Uhr 30. Claudia Roth hat noch keine Lust zum Aufstehen und knuddelt noch eine Viertelstunde mit sich selber. Es ist Sonntag, da hat sie eigentlich frei und muss sich nicht engagieren. Aber das gilt natürlich nicht in Wahlkampfzeiten, deshalb steht in ihrem Terminkalender auch heute ganz viel drin, z. B. um 10 Uhr «Engagieren» beim Kurdischen Rhabarbersaftfest in Kreuzberg. Sie soll einen Vortrag halten zum Thema «Ganzheitliche Nachhaltigkeit als Frau». Claudia Roth hat keinen blassen Schimmer, was das ist. Um 7 Uhr ist sie fertig mit autogenem Knuddeln und steht auf. Zum Frühstück haut sie sich fünf Kalorienbomben aus garantiertem Auszugsmehl mit Raffinadezucker rein – man gönnt sich ja sonst nix. Der ätzende Nicaraguakaffee ist eh nur für Gäste da. Wie es sich für eine Frau ihres Alters gehört, greift sie zu Jacobs Krönung. Beim Frühstück liest sie die Klatschseiten in der «Bild am Sonntag»: Dieter Bohlen ist nackt durch den Garten gelaufen. Im Gehirn von Claudia Roth läuft ein erotischer Kurzfilm an, wird aber sofort von der Political-Correctness-Instanz des vorderen Stirnlappens unterbrochen. Zeit zum Aufbruch. Vor dem Haus wartet niemand. Claudia Roth fährt mit dem Taxi nach Kreuzberg. Sie hat darauf geachtet, dass das Taxiunternehmen genauso viel Frauen beschäftigt wie Männer. Am Mehringdamm ist die Rhabarbersaftfete schon in vollem Gang. Claudia Roth hasst Rhabarbersaft, sie muss danach immer mit einem halben Liter Spätburgunder absäuern. Alle warten auf ihre Rede. Claudia Roth stellt sich auf die Bühne und pumpt sich auf wie eine Geburtshelferkröte. Irgendein Quark quillt aus ihrem Mund. Die Zuhörer haben ein paar Vokabeln wiedererkannt und freuen sich: »Frau« z. B. oder »finanzielle Unterstützung» – das finden sie beides auch. Tosender Applaus. Zwei Frauen vom Rhabarberteam laden sie noch zur Frauen-Party am Abend ein. Claudia Roth sagt, dass sie abends schon bei Anne Will eingeladen ist, und das sei schließlich auch eine Frau. Die beiden lassen das Argument widerwillig gelten. Um 13 Uhr sitzt Claudia Roth in einem

Café am Ku'damm und haut sich drei Stücke Pflaumenkuchen rein, mit Sahne. Allmählich wird es Zeit, sich auf die Sendung in der ARD vorzubereiten. Das Thema bei Anne Will heißt: »Wutbürger zwischen Facebook und Fellatio?« Eingeladen sind neben Claudia Roth auch Guido Westerwelle, Günther Jauch, Olaf Henkel, eine Sextherapeutin und Walter Sittler. Sie freut sich auf die Sendung. Um 21 Uhr sitzt sie mit Anne Will gemeinsam in der Maske. Claudia Roth trägt ein giftgrünes Fünfmannzelt mit Brokatapplikationen, Anne Will ein Ensemble in Chamois und Mauve. Gegen die grelle Campingausrüstung von Claudia Roth kackt das Tarnkostümchen der ewig grinsenden Reichsnervensäge richtig ab. Anne Will ist stinksauer. Claudia Roth merkt natürlich nichts und grinst zurück wie ein ganzer Korb Red Delicious. Am liebsten würde sie jetzt noch eine Weile mit der Anne knuddeln, der ist aber bereits das Messer aufgeklappt im Kostümchen. In der Sendung wird sie immer, wenn Claudia Roth etwas sagen will, aus Rache den Guido von der Kette lassen. Um 22.45 Uhr ist allen Grünen am Fernsehapparat klar: Das war ein Desaster. In der Maske sitzt Claudia Roth und heult: Warum sind alle so böse zu ihr? Sie beschließt, doch noch zur Frauen-Rhabarberparty zu fahren. Da hat jedenfalls keiner die Sendung gesehen.

(Dietmar Wischmeyer)

Tina Hausten erklärt:

Warum geht der grüne Aufwärtstrend des Jahres 2010 nicht zwangsläufig weiter? Gute Frage. Gegenfrage: Was mache ich als Politiker auf GAR keinen Fall, wenn meine kuschelige Wohlfühlpartei in den Umfragen sogar mal bei satten 23 Prozent liegt?

Ich darf auf GAR KEINEN FALL verraten, was ich im Falle eines Wahlsieges tun werde! Vor allem, wenn ich vorhabe, den Spitzensteuersatz zu erhöhen und das Ehegattensplitting abzuschaffen. Kann man drüber reden: NACH der Wahl! Dabei waren die Grünen doch gerade auf dem besten Weg, die neue Partei der Besserverdienenden zu werden. Die FDP 2.0 sozusagen. Und die Liberalen sind ja ein astreines Stichwort. Hätten die 2009 vielleicht über 14 Prozent geholt, wenn sie vorher gesagt hätten: «Hey, Leute: Wenn wir regieren, ist aber original jeder am Arsch, dem kein Hotel gehört!» O nein, hätten die nicht.

Mein Fazit: Die Grünen sind leider unfassbar doof.

«Gewerbesteuer für Freiberufler? Diese Öko-Faschisten! Ich fahr doch schon 'nen beschissenen Diesel! Was soll ich denn NOCH alles machen?»

Und auch, wenn es vielleicht doch nichts wird mit der grünen Volkspartei, in einem Punkt macht den Ökos keiner was vor: in Sachen Parteitage. Da geht's immer noch zur Sache, bis mindestens einer heult. Der grotesk junge Kollege Lutz van der Horst war mal mittendrin und hat vergeblich versucht, grünes Denken zu verstehen.

«Unsere Generation lebt auf Kosten der nachfolgenden Generation, und wir leben hier auf Kosten der Dritten Welt, die wir auf gut Deutsch bescheißen.»
«Aber funktioniert doch! Ist doch genial, das System! Das wollen Sie ändern? Uns geht's doch gut!»

Hey, Renate! Parteitag!

Alles auf Anfang

Spätestens im Jahr 2011 herrscht in Sachen Farbenlehre wieder gähnende Langeweile. Für ein paar verrückte, wilde Monate sah es ja fast so aus, als könnte in diesem Land doch jeder mit jedem. Sogar die Grünen mit der CDU. Mit den Erben Helmut Kohls! Mit den Typen, die sie früher mit dem Wasserwerfer vom Hollandrad gepustet haben!

Schwarz-Grün, ein feuchter Traum, vorübergehend wahr geworden in der Hansestadt Hamburg. Einmal mehr erwies sich dort die ungeheure Biegsamkeit der Grünen, die plötzlich sogar FÜR die umstrittene Elbvertiefung waren.

Was folgte, war Liebesentzug durch die grüne Basis und eine schmutzige Trennung im Jahr 2010. Das volle Programm: Scheidung, Drama – die Grünen kriegen die Kinder und die CDU das Sorgerecht für den Fernseher.

Zugegeben: Richtig verliebt waren die eh nie. Aber scheiden tut weh, auch bei Zweckgemeinschaften. Der verlassene CDU-Spitzenkandidat Christoph Ahlhaus (den Namen müssen Sie sich nicht mehr merken) schaltete kurz darauf im «Hamburger Abendblatt» diese Kontaktanzeige:

Er sucht Sie

Erster Bürgermeister sucht neuen Partner zum hemmungslosen Rumkoalieren. Politische Richtung egal. Hauptsache, du hast einen großen Prozentbalken.

PS: Wenn ihr das lest, Grüne: Bin schon nicht mehr böse.
Bussi, Christoph

Kontaktanzeige und Todesanzeige in einem. Denn damit war das ehemals prickelnde Projekt Schwarz-Grün auch auf Bundesebene offiziell tot. Oder um es mit den Worten des großen Poeten und Hobbyornithologen Guido W. zu sagen:

> ### «Schwarz-Grün ist seit Hamburg ein toter Vogel.»
> GUIDO WESTERWELLE

Eine ebenso kraftvolle wie komplett bescheuerte Metapher. Und vor allem: Was ist dann Schwarz-Gelb? Eine eiternde Brandwunde?

> ### «Schwarz-Grün passt zusammen wie Lakritz und Spinat. Guten Appetit.»
> GUIDO WESTERWELLE

Womit wir auch schon bei der Abschlussfrage unseres Grünen-Quiz sind. Ein klassisches Bilderrätsel. Denn in diesem Foto haben wir eine Parteivorsitzende versteckt.

Das große «heute show»-Grünen-Quiz, 2. Teil

Finden Sie sie? Zu gewinnen gibt's eine kostenlose Farbberatung. Platz zwei ist ein gequältes Lächeln von Renate Künast.

Nach über 20 Jahren Wiedervereinigung ist es höchste Zeit für eine kritische Bilanz. Was hat der «größte Glücksfall» in der deutschen Geschichte wirklich gebracht? Wäre Karsten Speck heute auf freiem Fuß, wenn es die DDR noch gäbe? Warum halten sich auf beiden Seiten so hartnäckig die Vorurteile? Und vor allem: Warum bilden sich die Zonis so viel auf ihr verwarztes Sandmännchen ein?

Bei allem berechtigten Frust über Landschaften, die auch nach zwei Jahrzehnten einfach nicht blühen wollen, verlieren wir die Fakten bitte nicht aus den Augen. Tatsache ist: Immerhin 4 Fantastilliarden Euro, das sind mehr als 8 Fantastilliarden D-Mark, wurden in den Osten transferiert und dort «auf den Kopp» gehauen. So tönt es zumindest in den verwahrlosten Fußgängerzonen der ruinierten westdeutschen Randgebiete. Wo Kraftfahrer spurlos in metertiefen Schlaglöchern verschwinden, während die Bewohner ostdeutscher Kleinstädte feixend über marmorne Gehsteige flanieren.

Aber stimmt das auch? Die «heute show» wollte endlich Antworten. Unser einmaliger Feldversuch: Wir haben unseren sächsischen Einheits-Reporter Olaf Schubert ins wahre Dunkeldeutschland geschickt, genauer gesagt ins strukturschwache Oberhausen, und den berüchtigten Besserwessi Martin Sonneborn nach Brandenburg ins ostdeutsche Spaßbad «Tropical Island». Ausgewogener kann Journalismus nicht sein.

20 JAHRE MIT RONNY UND MANDY

Die Einheit feiert Jubiläum

Olaf Schubert FRÄGT NACH

Kommunen wie Oberhausen sind hoch verschuldet, um den Aufbau Ost zu finanzieren. Von wegen «strukturschwach»! Gar keine Struktur mehr. Nur noch pure, blanke Schwäche. Ich bin hier tief im Osten des Ruhrgebiets, und hier hinten, dort am Tunnel, wo düster das Licht glimmt, da geht's rein in den Pott.

Aus dem Osten wandern alle ab, aber hier ist auch niemand mehr. Die Plüschtiere nimmt man mit, aber schon die Kinder müssen zu Hause bleiben. Vielleicht ist es ja eh ein großer Fehler gewesen.

«Die Wiedervereinigung? ... ja, da haben Sie recht.»

«Wir hatten drei Sexshops! Jetzt ist nur noch einer da!»

Der Solidaritätspakt wurde jetzt ja erst mal bis 2019 beschlossen, aber ich denke, wir haben uns da so dran gewöhnt, jetzt damit aufhören, das wär ja ein bisschen sehr überhastet.

Das ist also aus der guten alten DDR gewor-
den, die Werktätigen von damals lümmeln
heute in Spaßbädern herum. 92 Spaßbäder
gibt es in der Zone, bezahlt von Bürgern aus
Oberhausen, aus Gelsenkirchen, aus Duisburg.
Bezahlt von Geldern aus den ruinierten westdeut-
schen Randgebieten.

«Wie gehen Sie mit dem Vorwurf um, dass hier
zu viel Geld aus dem ruinierten Westen in den
Osten gepumpt wird?»
«Ich komm ja nicht aus den alten Bundesländern, deswegen hab ich kein Problem damit.
Man kann ja nur eins machen. Entweder hier
sitzen und gute Laune haben ...»
«... oder im Westen sitzen und das Ganze
bezahlen.»

«Oberhausen hat es aber schon die vielen
Jahre positiv gehabt. Und wir haben das
über vierzig Jahre ertragen müssen. Sie
hätten übrigens nicht im Anzug erscheinen
müssen, Sie hätten ganz locker kommen
können.»
«Das Problem ist, dass wir aus dem Westen uns
nicht so leicht locker machen können.»
«Das ist aber Ihr Problem und nicht unseres.»

und wir haben das über
vierzig Jahre ertragen müssen.

Das ist aber Ihr Problem und nicht unseres.

«Es stimmt. Der Osten ist das Paradies.
Ich glaube, ich komm nicht mehr zurück.»

Wie der Wessi den Ossi sieht

«Ihr verdammten Oststinker fresst uns die Haare vom Kopf, ihr seid das Griechenland hinter der Elbe, nur nicht so warm. Ihr faulen Prekarier-schweine plündert unsere Rentenkasse, treibt die Krankenversicherung in die Höhe, weil ihr alle raucht und Doppelkorn sauft wie die Ketzer. Und dann kassieren auch noch die meisten Zuschüsse vom Bund und aus Europa. Dauernd muss man eure Opfervisagen bei Peter Zwegat sehen, ihr seid total verblödete Kampfhundschänder. Wer von euch Ostschimpansen bis zwei zählen konnte, hat längst rübergemacht in den Westen – alles, was da noch rumgrast in den Steppen oder durch die Gurkensümpfe stapft, ist der Rest, der Rest von allem. Deutschland könnte das reichste Land der Erde sein, wenn die vorbildlichen Westdeutschen nicht siebzehn Millionen Arschgeigen an der Backe hätten. Euer Hauptberuf ist ABM, eure Jugendli-chen wollen Hartzer werden, in eurer Freizeit seid ihr Flutopfer, und wenn ihr nicht genauso viel Valuta kriegt für halb so viel Produktivität wie im Westen, fangt ihr an zu streiken. Euer ganzes Land habt ihr vierzig Jahre lang vergammeln lassen, und statt jetzt mal umsonst zu Hacke und Spaten zu greifen wie unsereins 1945, fliegt ihr mit Billigbombern in die Dom Rep. Während wir breite Autobahnen durch eure zugemüllte LPG-Taiga asphaltieren, verunstaltet ihr die schönsten Strände der Welt mit euren fetten Madenkörpern. Doch zwanzig Jahre nach der Kapitulation stände euch höchstens ein Lebensstandard wie uns 1965 zu: eine Hose zum Wech-seln, Papa fährt mit dem Moped ins Zementwerk, und geschissen wird auf halber Treppe. Aber nichts da: Der volkseigene Osteuropäer will genauso sein wie wir – nach über sechzig Jahren Knechterei auf dem Weltmarkt, wie soll das gehen? Doch es gibt ein Fünkchen Hoffnung für alle Wessis, die die Schnauze voll haben: Der Ideologieträger Nummer eins, das Fern-sehen, bereitet durch seine Ostalgie-Märchensendungen die allmähliche Wiederverschließung der Mauer vor. War doch alles gar nicht so schlimm dadrüben, zieht euch die lustigen blauen Hemden wieder an und den anti-faschistischen Schutzwall wieder hoch. Schwuppdiwupp haben wir wieder eine mopsfidele BibaBundesrepublik und kommen euch auch mal besu-chen, aber nur, wenn's nicht zu teuer ist. Und das nächste Mal schmeißen wir die Bananen lieber übern Zaun, bevor ihr noch mal ausbüxt.»

(Dietmar Wischmeyer)

144

Wie der Ossi den Wessi sieht

«Vierzig Jahre haben sie uns verarscht, jetzt ist Schluss. Während die fetten Wessizecken Cappuccino gesoffen haben und mit ihrem Porsche durch die Welt geschiggert sind, mussten wir Russisch lernen und Altmetall sammeln. Jetzt sind wir mal dran mit Gutgehenlassen. Wir haben immerhin die einzige friedliche Revolution auf deutschem Boden gestemmt, ein Unrechtssystem mit eigenen Mitteln beseitigt. Ihr habt in der Fettlebe geschwelgt und euch von den Amis pampern lassen. Herausgekommen ist dabei eine sechzigmillionenfache große Fresse und nix dahinter. Ihr seid doch angeblich so schlau, dann macht uns doch mal Arbeitsplätze, ihr Super-Wessis. Wir sind ja klein und doof, wir können das nicht. Die besten Leute habt ihr vierzig Jahre lang über die Mauer gelockt, und als sie weg war, sind uns sogar die scharfen Weiber abgehauen in den Westen. Hier stehen wir nun mit Samenkoller an der Trinkhalle rum, und ihr wundert euch noch, dass wir die Linke wählen oder DVU. Die Wahrheit ist doch: Geflohene DDR-Bürger haben vierzig Jahre mit ihrem Fleiß und ihrem Können die BRD aufgebaut. Heute, wo wir euch mal brauchen, wollt ihr nichts davon zurückgeben: Egoistische Dreckschweine, von Volkssolidarität wohl noch nie was gehört, was! Die Russen waren schon arrogant die ganzen Jahre über, aber die Wessis sind schlimmer – die laufen überall frei rum in unserer Republik, als ob's ihre wäre, kaufen unsere Datschen am See und locken unsere Restfrauen in ihre Mercedes-Angeberschlitten. Aber wir werden's euch schon zeigen: Bald kommen alle Porsches und BMWs aus den neuen Bundesländern, und dann müsst ihr nach Leipzig oder Dresden fahren, um euern schicken Schlitten abzuholen, ihr arroganten Säcke. Und dann seht ihr, dass Dresden heute schon schöner ist als euer verschissenes Köln oder Hamburg und vor allem mit neueren Brücken. Und dann fahrt ihr durch unsere Biosphären-Reservate und Alleen, und wenn ihr dann wieder in eurer zersiedelten Pissgegend seid, müsst ihr kotzen. Ätsch! Wir sind die Zukunft, ihr seid eben die ‹alten Bundesländer›, das klingt nicht nur nach vorgestern, das ist auch so. Lasst uns noch zehn Jahre länger den Soli fressen, dann sind wir Kalifornien, und ihr seid Detroit. Geschieht euch recht, ihr blöden Schlauberger! Übrigens: Den Trabbi bauen wir auch wieder demnächst, den dürft ihr dann fahren.»

(Dietmar Wischmeyer)

Warnung!

Ein Hinweis für unsere jungen Leser: Die folgenden Seiten enthalten historische Fakten und beziehen sich zum Teil auf Personen, die bereits tot sind. Wir bitten dies zu entschuldigen.

1948

Im September tritt der «Parlamentarische Rat» zusammen, um die Grundlagen für den kommenden Staat festzulegen. Damit die Deutschen nicht den üblichen Scheiß bauen, legen ihnen die Siegermächte des Zweiten Weltkriegs eine Verfassung nach dem Prinzip «Malen nach Zahlen» vor.

1949

Das «vorläufige» Grundgesetz der Bundesrepublik Deutschland wird von den Länderparlamenten ratifiziert. Nur die Vertreter des Freistaats Bayern votieren dagegen: Sie fordern mehr Föderalismus. Allerdings auf Bayerisch, sodass keiner versteht, was die Almöhis eigentlich wollen. Das Grundgesetz tritt also in Kraft.

Weil sowohl die Sache mit der Monarchie als auch das mit der Diktatur zuletzt nur so mittel gelaufen sind, versuchen die Deutschen es mal wieder mit Demokratie. Wie aber verhindern, dass weder Hinz und Kunz noch Krethi und Plethi tatsächlich was zu sagen haben? Antwort: mit einer repräsentativen, parlamentarischen Demokratie. Die Idee: Der Bürger latscht alle vier Jahre in eine Wahlkabine und hält ansonsten die Fresse. Hat über die Jahre fast immer gut funktioniert. Außer wenn a) die Sportschau abgeschafft werden soll, b) der Liter Super über 1,60 Euro kostet oder c) Bahnhöfe vergraben werden.

Bundeskanzler wird ein ehemaliger Bürgermeister, der aussieht wie eine uralte Indianersquaw. Im Karl-May-begeisterten Deutschland eventuell der Grund für seine große Popularität. Konrad Adenauers autoritärer Regierungsstil ermöglicht den Deutschen einen eher fließenden Übergang von der gewohnten Diktatur zur Republik. Wer andere Meinungen vertritt als die CDU, ist wahlweise «die fünfte Kolonne Moskaus» oder – in der freundlicheren Variante – «ein Drecksbolschewik, der gefälligst nach drüben gehen soll».

Aus purer Altersbosheit ernennt der Kanzler ein paar Doppelhaushälften in der Nähe von Köln zur «Hauptstadt». Den Namen der Siedlung muss man heute nicht mehr kennen, obwohl dort nach wie vor hervorragende Lakritzschnecken hergestellt werden.

1950

arbeiten seltsamerweise in fast allen Regierungsbehörden noch viele alte Nazis. Ein Grund könnte sein, dass keine Sau sie davon abgehalten hat.

1954

Deutschland wird in Bern Fußballweltmeister. Für einige Historiker die eigentliche Geburtsstunde der Bundesrepublik. Die Deutschen erkennen verblüfft: Man kann tatsächlich Siege feiern, ohne dafür die halbe Welt in Schutt und Asche zu legen.

1956

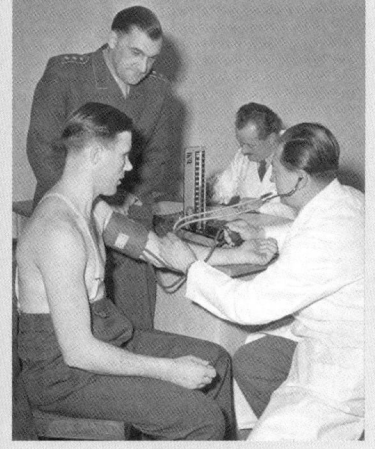

Trotzdem beginnt zwei Jahre später der Aufbau der Bundeswehr. Dahinter stecken keinerlei kriegerische Absichten. Im Grunde will der Staat die jungen Männer nur mal aus ihren miefigen Jugendzimmern rausholen. Wabbelige Abiturienten werden für Monate kaserniert und von ausgewählten Hauptschülern (Unteroffizieren) fachgerecht gedemütigt.

Wer den Wehrdienst verweigert, muss in einer mündlichen Gewissensprüfung glaubhaft versichern, auch dann nicht zur Schusswaffe zu greifen, wenn die eigene Freundin von besoffenen Donkosaken vergewaltigt wird. Wer diese Prüfung besteht, darf sich zur Belohnung sehr ausgiebig mit den Exkrementen fremder Leute beschäftigen.

1959

Heinrich Lübke wird Bundespräsident. Dem lustigsten «Präsi», der je gelebt hat, wird bis heute viel Unrecht getan. Damals gängige Begrüßungsformeln wie «Meine Damen und Herren, liebe Neger» werden zu Skandalen hochstilisiert. Dabei ist der Rassismus-Vorwurf gegen Lübke geradezu absurd, denn er sagt ja eindeutig «LIEBE Neger».

1961

In Berlin wird überraschend eine ziemlich lange Mauer gebaut. Woanders auch.

1963

Ludwig Erhard wird Bundeskanzler und dank seiner beachtlichen Mopsigkeit DAS Symbol unseres Wirtschaftswunders. Nebenbei erfindet er die «soziale Marktwirtschaft». Erhards Konzept: Wer arbeitslos oder berufsunfähig ist, soll ab jetzt nicht mehr zwangsläufig verhungern. Für die Amerikaner gelten die Deutschen damit endgültig als sentimentale Weicheier.

1966

Große Koalition unter Kanzler Kiesinger, von dem nicht viel mehr in Erinnerung bleibt, als dass ihm eine Frau mal überraschend eine geschmiert hat. Er wird schon irgendwas gemacht haben.

1968

Das Jahr der Studentenbewegung. Während Dutschke und Co. am theoretischen Überbau für die Weltrevolution basteln, will sich die Masse der jungen Deutschen in erster Linie die Haare lang wachsen lassen. Und sie dann nie mehr waschen. Ach ja, und freie Liebe. Vor allem mit der scharfen Rothaarigen aus der 9b. In der legendären Kommune 1 lebt ein Mann, der es 43 Jahre später in der RTL-Dschungelshow nicht mal in die Top 3 schaffen wird.

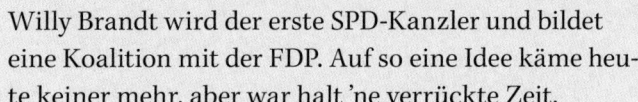

1969

Willy Brandt wird der erste SPD-Kanzler und bildet eine Koalition mit der FDP. Auf so eine Idee käme heute keiner mehr, aber war halt 'ne verrückte Zeit.

1974

Brandt tritt zurück. Wegen Frauenflachlegen und Spionen in seinem Vorzimmer. (Vielleicht auch wegen Frauen im Büro und Spioneflachlegen. In jedem Fall schmeißt er hin.)

Es folgt die Ära Helmut Schmidt. Seine Kritiker sehen in «Schmidt Schnauze» einen unerträglichen Besserwisser. Andere wiederum den arroganten Oberlehrer, als der er noch heute verehrt wird. Schmidt muss sich jahrelang mit den Idioten von der RAF herumschlagen und macht als passionierter Kettenraucher dunkelgelbe Gardinen zum hippen Trendartikel.

1980

Weil in jeder deutschen Klasse mindestens eine Schülerin sitzt (in der Regel heißt sie Birte), die meint, «sehr wohl stricken UND zuhören zu können», ist es nur folgerichtig, dass sich eine politische Bewegung gründet, auf deren Versammlungen nicht nur gestrickt werden DARF, sondern gestrickt werden MUSS.

Die «Grünen» beziehungsweise «Alternative Listen» feiern erste Erfolge in den Ländern. Damals ahnt niemand, dass daraus eine neue Wohlfühl-Volkspartei entstehen wird. Ein im Grunde sehr bürgerliches Sammelbecken für Menschen, die finden, dass Porsche fahren und Mülltrennung sehr wohl zusammenpassen. Und die immer PRO Integration von Ausländern sind, solange sie nicht ausgerechnet mit IHREN Kindern zur Schule gehen.

1982

Mit einem «konstruktiven Misstrauensvotum» (in Südamerika nennt man so was Putsch) kommt Helmut Kohl an die Macht. Ganze Generationen werden keinen anderen Kanzler mehr kennenlernen. (Vergleiche Sauron in «Herr der Ringe».) Als ekelhafte Nebenwirkung wird das Land mit mäßig talentierten Kohl-Imitatoren überschwemmt. Die zweite «witzige» Stimme im Repertoire dieser Nervenärsche ist meistens Marcel Reich-Ranicki.

1989

Ein paar Ungarn machen mal kurz die Grenze auf. Wenige Minuten später ist der westdeutsche Gebrauchtwagenmarkt praktisch leergefegt.

1998

Gerhard Schröder und Joschka Fischer sind die beiden Köpfe der ersten rot-grünen Bundesregierung. Sie schenken dem Land vorübergehend ein Gefühl von Neuanfang. Daran kann nicht mal das Gesicht von Herta Däubler-Gmelin was ändern. Nur ein beleidigter

kleiner Saarländer muckt rum und schwört der SPD ewige Rache. (Vergleiche Gollum in «Herr der Ringe».)

Kanzler Schröder macht vieles richtig. Zum Beispiel verzichtet er generös auf einen Einmarsch im Irak (wegen anderer Termine) und reformiert den Arbeitsmarkt. Insbesondere seine Hartz-IV-Reformen sind ein solcher Ankommer, dass der Mann kurz danach abgewählt wird.

In der legendären «Elefantenrunde» nach seiner Wahlschlappe bepöbelt Schröder zunächst sämtliche Spitzenkandidaten der anderen Parteien, dann die Moderatoren und schließlich seine Frau, die versucht, ihm die Autoschlüssel wegzunehmen. Positiv an der Sache: Er bewirft niemanden mit Leergut.

SEIT 2005

Das Unvorstellbare geschieht. Eine Frau aus dem Osten steht ganz oben. Und sie hat einen Plan. Angela Merkel regiert mit Hilfe der Großen Koalition erst die Umfragewerte der SPD in Grund und Boden, ab Herbst 2009 pulverisiert sie dann die Liberalen.

Angies teuflischer Trick: Für Erfolge wird grundsätzlich die Kanzlerin gefeiert, Pannen gehen immer auf den Deckel des kleineren Partners.

Endziel kann nur die Wiederherstellung des Einparteiensystems sein, das Merkel noch aus ihrer Kindheit kennt.

Für eine endgültige Bilanz ihrer Arbeit ist es noch deutlich zu früh. Aber wenn am Ende nur die Auflösung der FDP steht, hat die erste deutsche Kanzlerin doch schon viel erreicht.

Geschichte der DDR
für Einsteiger

Viele Sachbücher sehen die jüngere deutsche Geschichte heute noch durch die westdeutsche Brille. Die Lebenswirklichkeit und die Erfahrungen der Menschen aus den neuen Ländern werden konsequent ignoriert. Daher hier auch ein Abriss der Geschichte der Deutschen Demokratischen Republik:

1949 gründen ein paar alte Männer im Auftrag der Russen einen Staat ohne Reisefreiheit und fast ohne Südfrüchte. Junge Menschen müssen mit blauen Hemden im Wald rumrobben. Damit trotz Braunkohlegeruch überhaupt irgendwer bleibt, wird ein Zaun drum gebaut. Nach 40 Jahren Urlaub in Bulgarien haben die Menschen keinen Bock mehr und sagen das auch. Der Zaun geht auf und die Gruppe «Karat» weiter auf Tour.
Aber es war nicht alles schlecht.

Geschichte der DDR oder: Wie Walter und Erich den Krieg gewannen

Kurz vor seinem Tod rief Josef Stalin seine beiden deutschen Ziehsöhne Walter und Erich zu sich in den Kreml und überreichte ihnen ein versiegeltes Couvert. Darin stand detailliert beschrieben, wie der Endkampf gegen den Kapitalismus zu führen sei. Und die beiden taten genau, wie ihnen im Winter 1953 befohlen. Zuerst verwandelten sie das ihnen zur Verwaltung anvertraute Stück Deutschland in die eingezäunte Industriebrache DDR. Die Insassen hopsten fröhlich herum, siegten fortwährend in sportlichen Wettkämpfen und erfreuten sich an dem lustigen Gepränge bunter Uniformen und Karnevalsorden. Walter und Erich fuhren Volvo-Stretchlimos und ballerten in der Schorfheide vierbeinige Volksfeinde ab. Wenn das Geld knapp wurde, verkauften sie Menschen in die BRD oder holten sich einen Kredit bei Franz Josef Strauß. Deshalb dachten alle im Westen, die beiden fänden ihr Sozi-Gehege richtig gut. Stimmte aber gar nicht: Schon Stalin hatte berechnet, dass spätestens 1990 der ganze Schwindel auffliegen würde, und seinen Nachfolgern in Moskau hinterlassen: «Wenn die Pflaume faul ist, schiebt ihr sie den Imperialisten unter.» Und so durfte Erich, einer der Verschwörer, noch selbst erleben, wie die doofen Wessis ihm die Ruine abnahmen, und er starb darauf in seligem Frieden. Was dann geschah, hätte sich allerdings nicht mal Stalin selbst erträumt. Die Kapitalisten waren noch blöder, als der alte Karl jemals geglaubt hatte – sie überzogen die neue Kolonie mit einem Overkill selbstzerstörerischer Maßnahmen: Eintritt frei für die Rentenkasse, Umtausch von Falschgeld in richtiges, Steuergeschenke für jeden Wessi, der hinterm Zaun irgendeinen Blödsinn baute. Zehn Jahre später war das Werk vollbracht: Die ehemalige Hauptstadt der DDR hatte sich über ganz Berlin ausgebreitet, die vereinte Republik ist verschuldet, die Sozialsysteme sind ausgeblutet, schöne neue Autobahnen führen hinein in Gegenden, die noch nie der Fuß eines regulär Beschäftigten betreten hat. Das Bundeskabinett wird zum Staatsrat, Bitterfeld dehnt sich pro Woche hundert Kilometer in alle Richtungen aus. Walter und Erich haben den Kampf der Systeme gewonnen. Aber hätten die beiden Teilbegabten das alleine schaffen können? Nein! Sie hatten einen Maulwurf im Westen, der 1990 den entscheidenden Schalter umlegte. Er wurde nie enttarnt und gab seine Geldgeber niemals preis. 1953 als blutjunger Saumagen gab er dem Mann im Kreml sein Ehrenwort, das er bis heute hält.

(von Dietmar Wischmeyer)

DEUTSCHLANDS SCHÖNSTE PARTEIEN
Die Linke

Als das gesamte Parteienspektrum schon besetzt schien und die Grünen noch glaubten, sie stünden links von der SPD, da formierte sich aus den Resten der Stalinistischen Einheitspartei Deutschlands, einigen SPD-Abtrünnigen und einem Haufen unverbesserlicher Mega-Spinner die Linke. Ihr Fundament war das Restvermögen der SED, ihr Riesen-Zampano der ausgebüxte SPD-Vorsitzende Lafontaine. So ließ es sich vortrefflich gegen die soziale Kälte im Lande wettern und eine Zukunft voller Bananen und Grundsicherung verheißen. Da war schnell eine erkleckliche Zahl Wähler zusammengetrommelt, die es schon längst gern gesehen hätten, dass den Reichen mal gehörig die Internationale geblasen würde. Zudem schwand das Vertrauen in die Schröder–SPD, die mit ihrer Forderung «Fördern und Fordern» den Transferleistungsträger mitten ins Mark traf. Die Linke gab allen Mühseligen und Beladenen endlich wieder das beruhigende Gefühl, unschuldiges Opfer zu sein. Fast überall fern von politischer Verantwortung, war es ein Fest, den absurdesten Blödsinn zu verzapfen, Hauptsache, im Trockensumpf der Gesellschaft war Stimmung. Selbst solch absurde Wiedergänger längst verblichener Verheißungsreligion wie Sahra Wagenknecht zeigten der Sympathisantenschar nicht etwa, dass die Linke komplett neben der Spur namens Realität unterwegs war, sondern im Gegenteil zeugten sie von einer Offenheit der Partei gegenüber der Welt als Wille und Wahnvorstellung. Und das war es auch, was die Partei gegenüber allen anderen auszeichnete: Die Linke glaubte tatsächlich noch daran, das Dasein der Menschen ließe sich insgesamt für alle zum Besseren wenden und der Kapitalismus sei nur ein finsterer Tunnel, an dessen anderem Ende ein dreifaches Hartz IV für alle stünde. Das war an sich eine sehr schöne Idee für eine Partei, denn in der globalisierten Welt voller Zukunftsängste braucht es auch ein paar Spinner, die das vertreten, was kein vernünftiger Mensch mehr für möglich hält. So hätten sie noch Jahrzehnte vor sich hin träumen, ihre Abgeordnetendiäten in Krimsekt ertränken können, und niemand hätte sich an ihnen gestört – im Gegenteil, immer wenn sich bei «Anne Will» der Bildschirm öffnete, wären ihre Mitglieder gerngesehene Gäste, die man mal von der Kette ließe. Nun machten sie aber mehrere Fehler. Einerseits traten sie in Regierungsbündnisse ein und offenbarten ohne Not damit, dass sie genauso doof waren wie alle anderen. Und zum Zweiten ließen sie jeden Doofkopp, dem man mal vor Zeiten ein Parteibuch ausgehändigt hatte, unzensiert im Fernsehen seine Meinung runterfusseln. So genau wollte es aber keiner wissen, was diese Partei sich wirklich vorstellt von unser aller Zukunft. Den meisten Wählern hätte es gereicht, ab und zu die Linke zu wählen, nur um den etablierten Parteien ans Bein zu pinkeln. Ja, liebe Linke, das wäre deine Chance gewesen, aber du wolltest ja unbedingt am Tisch für Erwachsene sitzen. Und tschüs!

(Dietmar Wischmeyer)

Es war nicht alles schlecht
Die Linkspartei

Freiheit ist schön. Aber sie macht das Leben natürlich auch wahnsinnig kompliziert. Ständig hat man die Wahl. Guck ich jetzt den Themenabend auf Arte oder doch Frauentausch bei RTL 2?

Steh ich auf, oder dreh ich mich noch mal um? Esse ich, was mir schmeckt, oder ernähre ich mich gesund? Und habe dann in der Konsequenz ein längeres, aber auch deutlich beschisseneres Leben? Fragen über Fragen, das ist das Wesen der Demokratie.

Und vermutlich der Grund, warum einige ehemalige Bürger der ehemaligen DDR immer noch fremdeln mit dieser Bundesrepublik. Früher hat der Staat ihnen die wesentlichen Entscheidungen abgenommen. Ihnen den lästigen Meinungsbildungsprozess erspart, weil es ja ohnehin nur *eine* Meinung gab. Kinder, war das muckelig!

Welche Ironie also, dass es nicht zuletzt DDR-Veteranen waren, die uns durch die Gründung der Linken ein echtes Fünfparteiensystem beschert haben. Wo die bräsigen Westdeutschen doch kaum 30 Jahre Zeit hatten, sich an vier zu gewöhnen. Jetzt ist alles noch komplizierter, absolute Mehrheiten werden immer unwahrscheinlicher, und vor jeder Wahl heißt es «Je t'aime – wer mit wem?» (Titel einer viel zu früh abgesetzten MDR-Kuppelshow).

Macht es also jetzt jeder mit jedem? Natürlich nicht. Und das hat in erster Linie mit dem Verhältnis der SPD zu den Linken zu tun. Krampf ist da ein viel zu kleines Wort. Das geht schon in den Bereich «schizo». Laut SPD-Logik sind Koalitionen mit Links im Bund total pfui (zumindest bis der alte Erzfeind «Lafo» endlich ganz in seinem Weinkeller verschwunden ist). Auf Länderebene sind solche Bündnisse aber bizarrerweise total okay. «Das muss da auch jeder ein Stück weit irgendwie für sich selber entscheiden, ne?»

An ihrem latent leprösen Outsiderstatus sind die Linken aber in erster Linie selber schuld. Denn auf jeden Pragmatiker kommen – so verlangt es das Parteistatut – mindestens drei veritable «Patienten». Verhaltensauffällige eben.

LINKE LINKE.

Und Letztere sind in der Regel West-Linke. Wenn man zum Beispiel West-Linke fragt, ob die DDR ein Unrechtsstaat war, dann antworten die gerne mal so etwas:

> «Insgesamt, also in toto, kann man das, glaube ich, nicht sagen. (...) Also wenn man sich anguckt, aus welchen Trümmern die DDR also auch sehr demokratisch und auch sehr antifaschistisch eine neue Republik aufgebaut hat, dann finde ich das sehr beeindruckend.»
>
> GUNHILD BÖTH

Sehr beeindruckende Aussagen von Margot Honecker 2.0. (Übrigens eine Lehrerin, aber das muss man ja eigentlich nicht dazusagen.)

Da kann einem der Gregor Gysi fast schon leidtun, sich seine kleine Partei mit solchen Leuten teilen zu müssen. Zumal die Linke ja noch ganz andere Probleme hat: die verdammten Medien!

> «Ich sag Ihnen jetzt einen Satz, den Sie leider herausschneiden werden, aber wir haben das mal verglichen in den letzten Wochen: Bei den ‹heute›-Nachrichten kamen die Grünen 15-mal häufiger vor als wir. Dabei sind sie etwas kleiner in den Bundestag eingezogen als wir. Das ist fernab von jeder Gerechtigkeit.»
>
> GREGOR GYSI,
> *Vorsitzender der Bundestagsfraktion DIE LINKE*

Ach ja, das waren noch Zeiten, als man dem Staatsfernsehen einfach befehlen konnte, über einen zu berichten. In der Sache hat der Mann natürlich nicht unrecht. Vermutlich kommen sogar Berichte über Säcke voller Reis, die in China umfallen, 15-mal häufiger in den «heute»-Nachrichten vor. Und warum? Weil diese Berichte interessanter sind! Die Linken beschäftigen sich ja leider nur noch mit sich selbst oder mit ihren stinklangweiligen ideologischen Flügelkämpfen. In diesem Verein traut doch inzwischen keiner mehr dem anderen.

«Wenn dann erst mal so'n Misstrauen da ist und
alle sagen: Wer weiß … vielleicht hat er noch
das gesagt oder jenes … kann ich Ihnen alle Briefe
zeigen, die ich dazu bekommen hab.»

GREGOR GYSI,
Vorsitzender der Bundestagsfraktion DIE LINKE

Erst das Misstrauen, dann die Briefe, irgendwann die Berichte der informellen Mitarbeiter, dann die Akten. Das ist wie Radfahren – vierzig Jahre SED-Strukturen verlernt man nicht so schnell. Man kann über die Parteiprogramme aller anderen Parteien fraglos viele unflätige Dinge sagen, aber die Linke hat ja noch nicht mal eines.

**Eines ist klar:
Die Linke ist nicht
frisierungsfähig.**

Wofür steht also die Linke? Echt schwer zu sagen. Im weitesten Sinne wohl für Umverteilung, für gesichertes Grundeinkommen, für mehr Rente, mehr Hartz IV, mehr von eigentlich allem. Selbstverständlich bei konsequenter Ausblendung der Spießerfrage, wie zur Hölle man den ganzen Spaß bezahlen soll. Für so was Ähnliches steht die Partei vermutlich. Ach ja, und natürlich für die privaten Rachephantasien eines einzelnen älteren Herrn:

160

Oskar Lafontaine

Ein schöner Spätsommervormittag in einer verträumten Nebenstraße irgendwo im sogenannten Saarland. Es geht auf die Mittagszeit zu, Oskar Lafontaine sitzt am Frühstückstisch und erklärt dem kleinen Marcel das Prinzip des Deficit-Spending: «In Krisenzeiten nimmt der Staat bewusst eine höhere Verschuldung in Kauf, um durch seine Ausgaben den Konsum anzukurbeln, so läuft das, mein Sohn, und nicht, wie sich diese Korinthenkacker von der SPD das vorstellen.» Marcel schmeißt dem großen Vordenker der Linken ein halbverdautes Stück Nutellabrot ins Gesicht: «Warum kommt Onkel Gerhard nicht mehr bei uns vorbei, Papa?» – «Der ist tot, mein Sohn, die ganze verdammte SPD ist tot.» – «Und warum hängen überall Plakate von denen?» – «Sieh mal, der Jesus hängt doch auch überall an den Wegesrändern rum, und der ist auch tot.» – «Frau Musch-Burowka in Religion sagt aber immer, Jesus lebt. Papa, vielleicht lebt Onkel Gerhard auch noch und würde uns gern mal wieder besuchen.» Oskar Lafontaine hat die Diskussion mit seinem Sohn gehörig satt: «Geh jetzt in dein Zimmer, Marcel, wenn du brav bist, holen wir uns nachher eins von den SPD-Plakaten, und du kannst dann mit Mamas Luftgewehr Zielschießen üben.» Marcel verduftet, und Oskar Lafontaine schreitet im Bademantel zu seinem Louis-seize-Schreibtisch. Das Buch muss fertig werden, endlich. Gerade jetzt, da er nach seinem Rücktritt als Großer Vorsitzender nicht mehr jeden Tag im Fernsehen ist. Nach «Die Wut wächst» damals hatte sein Verlag nach neuem Futter geschrien. Fünf Bücher hat er ruck, zuck zusammengehauen: «Die Wut wächst II», «Die Galle kocht I bis III» und «Der Hugo qualmt». Besonders in «Der Hugo qualmt», seinem letzten Werk, hatte Oskar Lafontaine eine Neuinterpretation aller Grundsätze gewagt, die unser Leben bisher bestimmt haben. Gleich im ersten Kapitel leugnete er die Schwerkraft als letztlich historisch falsch. In weiteren Kapiteln widerlegte er Newton, Einstein und Andrea Nahles. Das Buch kulminierte schließlich in einem neuen Weltentwurf, der auf dreihundert Seiten erklärte, warum die Erde nur durch höhere Tarifabschlüsse in der Metallindustrie zu retten ist.

Und während Oskar Lafontaine noch auf und ab schreitend an seinen letzten Erfolg zurückdenkt, betritt seine Gattin, Christa Müller, mit der «Bild»-Zeitung in der Hand den Salon: «Mausilein, was hast du für eine hervorragende Analyse der Regierungspolitik abgeliefert.» Stolz wedelt sie mit dem Artikel vor Oskar Lafontaines Kopf herum. «Das ist nicht mein Artikel, das ist Beckenbauers Analyse des EM-Qualifikationsspiels.» Das Leben zu zweit ist angespannter geworden in den letzten Jahren, seitdem Oskar den ganzen Tag im Bademantel durch die Wohnung schleicht und alle zwei Wochen ein neues Buch rausscheißt. Gott sei Dank wird nur ein Bruchteil davon veröffentlicht. Christa Müller hat für heute den Kaffee schon wieder auf: «Warum bringst du nicht wenigstens den Müll runter? Da, ein ganzer Sack zerrissener SPD-Parteibücher, die stinken allmählich, und heute ist Altpapierabholung.»

«Diese Parteibücher sind Dokumente des Widerstands gegen die verlogene Agenda-Politik! Parteifreunde aus aller Welt haben sie mir zugeschickt!»

Oskar Lafontaine schreitet auf und ab, die rechte Hand im Bademantel versenkt.

«Laber doch keine Scheiße, du blöder verbiesterter alter Schlappschwanz.» Christa Müller läuft zu Hochform auf. «Du selber hast die leeren Bücher aus der Zentrale in Saarbrücken geklaut, in nächtelanger Kleinarbeit mit fiktiven Namen vollgekrickelt und dann mit großer Geste zerrissen. Weißt du was, du tust mir nur noch leid, du alter Stinkstiefel, und lass ja Marcel endlich in Ruhe mit dem Scheiß-Deficit-Spending-Gelabere, du Versager.»

An dieser Stelle verabschieden wir uns aus der verträumten Nebenstraße irgendwo im sogenannten Saarland. So viel kann aber verraten werden: Im Laufe des Tages ist es noch zu Handgreiflichkeiten gekommen, zum Ende der Ehe, und gegen Abend hat Oskar Lafontaine sein erstes interessantes Buch geschrieben: «Die Wut ist weg – Lebenserinnerungen eines alten Trottels».

(Dietmar Wischmeyer)

Oder ist das mit den DDR-Nostalgikern und der unglaub-
lichen Spinnerdichte in der Partei doch nur ein Vorurteil?
Mal ein schneller Blick auf die Forderungen der Linken
im letzten NRW-Wahlkampf:

Die Linke fordert «kostenlose Empfängnisverhü-
tungsmittel», in der Schule die Abschaffung des
«Sitzenbleibens» sowie des Religionsunterrichtes,
dafür die Einführung von «Genuss- und Rauschmit-
telkunde». Da ist er wieder, der alte Jugendtraum:
Leistungskurs «Kiffen».

Es wird nicht einfacher für die Linke. Die Erholung der deutschen
Wirtschaft spielt der Partei nicht gerade in die Hände. Und das neue
Führungsduo ist jetzt auch kein Traumpaar im engeren Sinne. Der alte
Porsche-Fahrer Klaus Ernst gibt dem «Stern» seitenlange Interviews zu
seinem Lieblingsrotwein, und Gesine Lötzsch verrät dem Kampfblatt
«Junge Welt» derweil ihre intimsten Geheimnisse:

> **«Die Wege zum Kommunismus können wir nur
> finden, wenn wir uns auf den Weg machen
> und sie ausprobieren, ob in der Opposition
> oder in der Regierung.»**
>
> QUELLE: «JUNGE WELT»

Gesine
Wege zum
Kommunismus

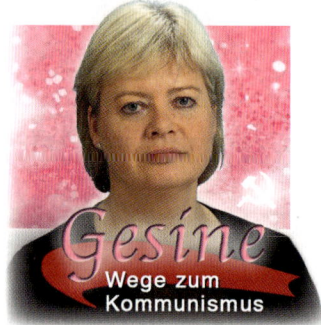

Die neue RTL-Telenovela: «Gesine – Wege zum Kommunismus». Die einsame und enttäuschte Gesine lässt ihr altes, langweiliges Leben hinter sich, läuft einfach los, schafft 30 Kilometer am Tag und kommt nach 264 Tagen in Nordkorea an.

Armer Kim Jong Il. Was will uns «unser Gesine» damit sagen? Am Kommunismus hängt, zum Kommunismus drängt doch alles? Und wanderte ich auch im tiefen Kapital? Wobei die Genossin hinterher klargestellt hat: Sie habe zwar Kommunismus gesagt, aber «Demokratischer Sozialismus» gemeint. Und gedacht. Logisch. Da hätte man aber auch selbst draufkommen können. Was ist da los im linken Oberstübchen? Selbst eine Liveschalte in den Kopf von Gesine Lötzsch bringt keine Klarheit:

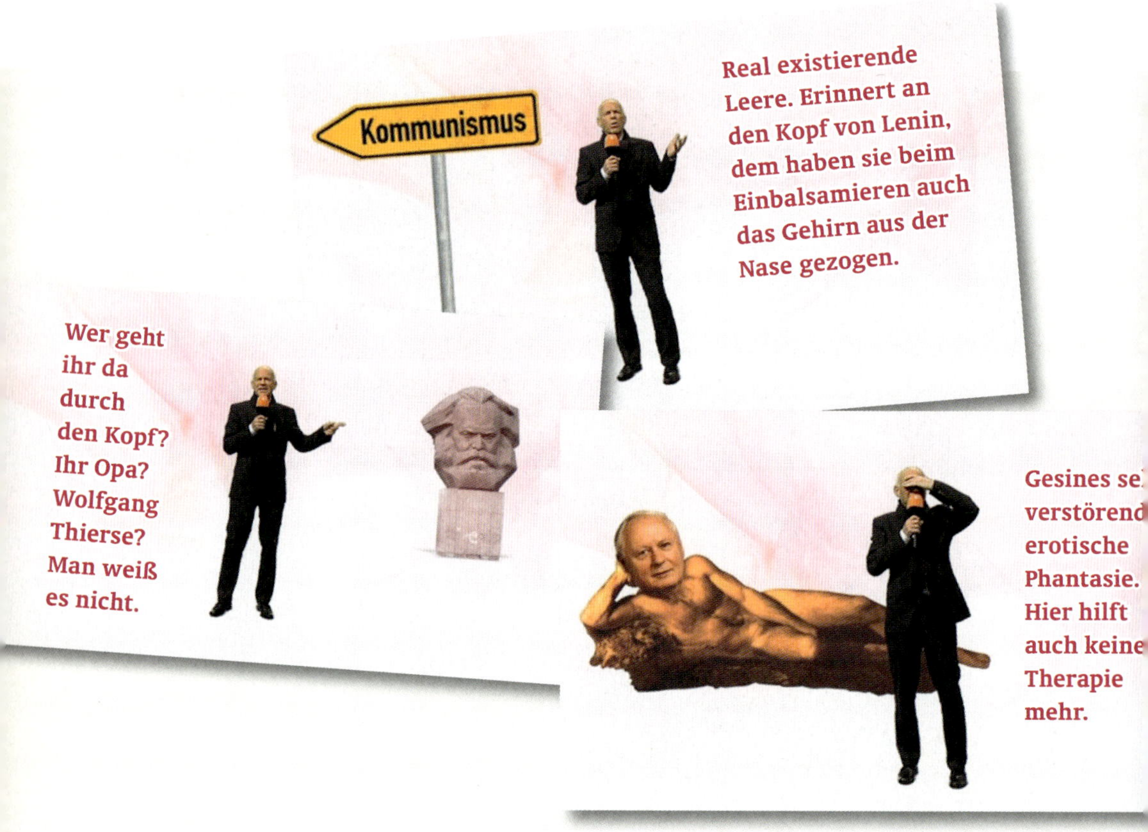
Kommunismus
Real existierende Leere. Erinnert an den Kopf von Lenin, dem haben sie beim Einbalsamieren auch das Gehirn aus der Nase gezogen.
Wer geht ihr da durch den Kopf? Ihr Opa? Wolfgang Thierse? Man weiß es nicht.
Gesines se
verstörend
erotische
Phantasie.
Hier hilft
auch keine
Therapie
mehr.

Martin Sonneborn ist für die «heute show» gefährlich tief ein-
gestiegen in die linke Materie. Er besuchte das «Marxistische
Forum der Linkspartei». Dort gären alte und neue Marxisten
säuerlich im eigenen Saft. Was sind das für Leute? Was macht
für sie den Sozialismus so geil, was macht ihn so sexy?

Martin Sonneborn

INSISTIERT INVESTIGATIV

Salz war in der DDR nie knapp! Es war NIE knapp!!!

Ich lehne die Begriffe «geil» und «sexy» ab.

Schalten Se ab! Schalten Se ab! Schalten Se ab!

Ob der Kapitalismus am Arsch ist? Muss er sein. Entweder wir oder sie!

Aufschwung hin oder her: Irgendwann ist links garantiert ganz oben.
Und wenn's bloß im Saarland ist. Den Sozialismus in seinem Lauf hält
weder Ochs noch Gysi auf. Eine Delegierte der NRW-Linken bringt es
sehr schön auf den Punkt:

> **«Früher oder später kommen wir an die Macht.**
> **Wir kommen an die Macht! Auch ohne SPD!»**
> RUTH TIETZ

Ja, genau! Und wenn wir erst mal an der Macht sind, dann bauen wir
eine Mauer! Einen Schutzwall gegen alle, die uns die Macht wieder
wegnehmen wollen! Huhahahahahahahahaha …

(Langsam verklingendes diabolisches Gelächter)

Die Bundesrepublik und der Krieg

Von deutschem Boden darf nie wieder Krieg ausgehen. Ein absolut zentraler Satz für jeden, der das Genom der Bundesrepublik Deutschland verstehen will. Und ein erstaunlicher Satz, historisch betrachtet. Vor gerade mal siebzig Jahren hat jeder zweite Deutsche im Kreuzworträtsel bei «Pauschalreise mit vierzehn Buchstaben» noch instinktiv «Einmarschieren» geschrieben. Irgendwas muss also in der Zwischenzeit passiert sein. Erkenntnis? Echte Reue?

Eher nicht. Wahrscheinlicher ist, dass uns nur eine totale Weltkriegsniederlage in Kombination mit ganz viel US-Schokolade von den Vorzügen des Pazifismus überzeugen konnte. Egal, Hauptsache, es hat funktioniert. Aus einer größenwahnsinnigen Kriegerrasse wurde so ein Volk von bienenfleißigen Bausparern.

Die in den fünfziger Jahren gegründete «Bundeswehr» war jedenfalls kein Rückfall in schlechte Angewohnheiten. Vor dieser Armee musste niemand Angst haben.

Um trotzdem irgendein Argument für die Anschaffung von teuren Waffensystemen zu haben, wurde gelegentlich die Angst vor «dem Russen» geschürt, was aber keiner richtig ernst genommen hat. Tatsächlich war der gefährlichste Feind des deutschen Soldaten in jenen glücklichen Jahren die Alkoholvergiftung.

Im Gegensatz zur Bonner hat die Berliner Republik leider einen echten Hang zu Auslandseinsätzen. Die Gründe sind vielfältig, aber es hat im Wesentlichen mit Gruppendruck zu tun. Andere Länder gucken einen irgendwie doof an, wenn man bei so was gar nicht mitmacht. Wie damals, wenn man nie vom Zehner springen wollte.

Deshalb springen wir halt wieder mit. Und die Bundesregierung sucht verzweifelt nach einer sogenannten Exit-Strategie für den Einsatz in Afghanistan. Dabei wäre es so einfach: bei «easyJet» oder «Germanwings» anrufen und auf Merkels Kreditkarte 5000 Flugtickets von Kabul nach Berlin bestellen.

Die Talibahn kommt
Deutschland im Krieg

Wenn es bumm macht, Sachen explodieren und Menschen aufeinander schießen, dann ist das entweder Hauptschule oder Krieg. Willkommen im terminologischen Minenfeld. Denn während man den Begriff Hauptschule in Deutschland meist ungestraft im Munde führen darf, sieht es mit dem hässlichen K-Wort völlig anders aus.

Aus einem simplen Grund: Der Bundeswehreinsatz in Afghanistan wurde der Öffentlichkeit jahrelang als humanitärer Einsatz verkauft. Zunächst erfolgreich.

Man glaubte tatsächlich, dass unsere Soldaten dort lediglich Straßen bauen, Brunnen bohren und mit afghanischen Kindern «Fang den Hut» spielen. Im Prinzip Hausmeister mit Schnellfeuergewehren.

Man will so einen Einsatz ja auch nicht unpopulärer machen, als er ohnehin schon ist. Und obwohl sich die Soldaten vor Ort ziemlich schnell davon überzeugen konnten, dass man sie leider in einen lupenreinen Krieg geschickt hat, war die offizielle Sprachregelung an der Heimatfront zunächst folgende:

«Friedenserhaltende Maßnahmen» – gegen die können nicht mal die hartherzigsten Pazifisten etwas haben. Denn das klang ja gar nicht mehr nach Stahlgewittern, sondern nur noch nach «Peace» und freier Liebe. Kleiner Haken: Es war komplett gelogen.

Und so ging ein großes Raunen durch die Republik, als ein sehr junger und noch attraktiverer Verteidigungsminister mit dieser Lebenslüge Schluss machte:

ZDF heute journal Karl-Theodor zu Guttenberg
Bundesverteidigungsminister

> **«Die Realität ist, dass wir in Afghanistan mindestens kriegsähnliche Zustände haben.»**
>
> KARL-THEODOR ZU GUTTENBERG

Mag ja sein, dass der gegelte Freiherr in seiner Freizeit gerne mal was abschreibt, im Dienst aber, da sprach er Tacheles. Mit einem echten Hang zur Kreativität. Denn «mindestens kriegsähnliche Zustände» war eine der genialsten Wortschöpfungen seit der Einführung des «FilmFilms» in Sat.1.

Ein Kunstgriff, der völlig neue Möglichkeiten eröffnete: Spontan kommt einem da auch das berühmte Brecht-Wort in den Sinn: «Stell dir vor, es ist mindestens kriegsähnlicher Zustand, und keiner geht hin.»

Kurz gesagt: Es klingt sowohl clever als auch smart. Nur die notorischen Erbsenzähler hatten schon wieder was zu maulen und verwiesen darauf, der völkerrechtlich korrekte Terminus sei ein ganz anderer.

Verdammtes Juristenpack! Warum nennen wir den Krieg in Afghanistan nicht gleich «Eurovision Bomb Contest»?

Der Begriff «Krieg» im Wandel der Zeiten

Herr Welke, ich kann Sie ganz schlecht verstehen. Der nicht internationale bewaffnete Konflikt hier ist einfach wahnsinnig laut!

Hallo! Geht's noch?! Das is' 'ne Liveschalte hier, Kollege! Latscht der einfach ins Bild! Diese Taliban sind so unprofessionell, das kann sich kein normaler Mensch vorstellen, Herr Welke! Ja, du mich auch, Catweazle!

Einer der beiden wünscht sich den anderen als Bundeskanzler. Erraten Sie, wer?

Talibaba
UND DIE 40 TANKLASTER

Dass Guttenberg seinen Fans heute so fehlt, hat natürlich auch mit seinem Talent als Erzähler zu tun. Aus «Guttis» Feder stammt tatsächlich eines der schönsten deutschen Märchen.

Die Hauptrolle spielt ein junger Prinz namens Karl-Theodor. Ein Prinz jedenfalls, den das Volk von Herzen liebte, denn REDEN konnte er wie kein Zweiter, ja, er laberte so manchem eine goldene Klinke an die Backe. Und wenn der Edelmann allein war, fragte er immer wieder ...

«Spieglein, Spieglein an der Wand, wer ist der Schönste im ganzen Land?» Aber der «Spiegel» sagte nur: «Woher soll ich das wissen? Ich bin ein seriöses Nachrichtenmagazin ... aber frag doch mal den ‹Focus›.»

Doch dann verging ihm das glockenhelle Lachen, denn er erbte ein Königreich namens Kunduz. Und das wurde angegriffen von bösen bärtigen Männern, die gekommen waren, um kostbare Tanklaster zu stehlen.

Da bekam der Heerführer Oberst Klein, ein echter Wolf im Schafspelz, eine furchtbare Wut, und er hustete und pustete ...

... bis alle Tanklaster weggepustet waren.
Der Bote des Prinzen, bekannt als das
tapfere Schneiderhahn, eilte zum Prinzen, und
dieser trat vor sein Volk, um zu verkünden ...

**... dass die Militärschläge als angemessen zu
bewerten sind.**

Doch der Bericht vom tapferen Schneiderhahn
ließ etwas ganz anderes vermuten, und als das
Volk nachfragte, fand der Prinz es ...

... aus heutiger Sicht ... nicht angemessen.

Getreu dem Motto «Meine Suppe ess ich nicht,
meine Suppe hat mir ein anderer eingebrockt»
sagte er zum tapferen Schneiderhahn:

**Du hast mir treu und ehrlich gedient;
wie der Dienst ist, so soll der Lohn sein.**

Oder mit anderen Worten: Du bist gefeuert,
du Pfeife! Und die bösen Rotkäppchen von der
SPD nannten den Prinzen fortan nur noch
den «Teufel mit den drei gegelten Haaren».

Ende

Die Bomben für die Tanklaster haben wir uns damals von den Amis geliehen. Und das ist symptomatisch. Denn Deutschland schickt seine Soldaten ziemlich schlecht ausgerüstet in kriegsähnliche Zustände.

Von der Vorbereitung auf den Ernstfall mal ganz abgesehen. Soldaten berichten glaubhaft, man habe sie mit gepanzerten Fahrzeugen zu Hause in der Kaserne «einmal im Kreis fahren lassen», und dann war die Ausbildung an diesem Gerät auch schon beendet. Klar, auch das kann hilfreich sein, falls man die Taliban mal in einem Kreisverkehr verfolgen muss.

«Deutscher Soldat beim Angeln», Dyptichon, unbekannter Fotograf, 320 x 240 Pixel, Handyfoto auf Leinwand, Museum für schlecht ausgerüstete Künste, Berlin

Und wofür das alles? Hat der nicht bewaffnete internationale Dingenskirchen überhaupt was bewegt? Das hat er. Es gibt afghanische Regionen, die werden heute nicht mehr von den Taliban kontrolliert, sondern von korrupten Warlords und Drogenhändlern. Präsident Karzai (durch plumpe Wahlfälschung an die Macht gekommen, aber einen anderen konnte der Westen auf die Schnelle nicht finden) droht gerne mal, demnächst selber zu den Taliban überzulaufen. Da sage noch einer, die zehn Jahre deutscher Einsatz in Afghanistan hätten nichts gebracht! Und eins muss man dem Mogelbaron Guttenberg (pardon, Baron VON Mogel, so viel Zeit muss sein)

schon lassen: Er war es, der als Erster ausgesprochen hat, dass der Krieg in Afghanistan «militärisch nicht zu gewinnen ist».

Wie denn dann?, könnte man fragen, und Guido Westerwelle weiß die Antwort: mit Geld natürlich. Für einen geschulten FDP-Kopf sind auch die Taliban letztlich afghanischer Mittelstand. Daher Guidos Vorschlag:

> **«Wir werden auch gleichzeitig in London den Vorschlag machen, dass es ein Aussteigerprogramm gibt für die sogenannten Mitläufer.»**
> GUIDO WESTERWELLE

Gar nicht doof. Wenn man den Brüdern genug Geld gibt, dann hören die vielleicht auf mit Talibansein, mit Sich-in-die-Luft-Sprengen und mit dem Steinigen von Frauen. Auch wenn die westlichen Truppen demnächst wieder weg sind. «Ehrlich ... ich schwör, Alter!»

Die Umschulung der Taliban wäre jedenfalls eine schöne Herausforderung für deutsche Job-Center. Denn tatsächlich sind die bärtigen Kollegen ja vielseitig einsetzbar:

Als Skilehrer in den Bergen kennen die sich aus.

In TV-Jurys.

Im Au-pair-Bereich, sie können einfach unheimlich gut mit Menschen.

Und weil die ganze Sache mit Afghanistan quasi minütlich unpopulärer wird, hat sich Frau Merkel den Wünschen der Amerikaner nach einer sehr viel größeren Zahl von deutschen Soldaten zum Glück verweigert.

Ihr Kompromissvorschlag: mehr deutsche Polizei. Ja, genau: Beamte, die bei uns Autofahrer in Röhrchen pusten lassen, winken dann im Stadtverkehr von Kabul Autos raus. «Naa? Haben wir da vielleicht gerade eine durchgezogene Linie überfahren?» – «Kann sein, aber ich muss jetzt echt weiter, ich hab nämlich 'ne Bombe im Kofferraum.»

Das muss man uns Deutschen echt zugutehalten. Wir wollen möglichst schnell raus aus dem kriegsähnlichen Schlamassel. Man könnte auch sagen: Der Krieg hat bei uns ein Imageproblem. Amerikaner und Engländer verbraten riesige Werbebudgets, um ihre Auslandseinsätze in der Bevölkerung beliebter zu machen. Das könnten wir doch auch. Tina Hausten hat sich Gedanken gemacht.

Der Wackeldackel mit Stahlhelm

Sieht lustig aus UND ist während der Fahrt schwer zu treffen.

Einschussloch-Aufkleber fürs Auto

Damit sehen Sie immer aus wie frisch aus dem Gefecht.

Die «Kunduz-Überraschung»

*Das ist was Spannendes, was zum Naschen
UND was zum Explodieren.*

Solche Produkte würden vermutlich zu Ladenhütern. Denn alles Martialische wird uns immer fremder. Die Aussetzung der Wehrpflicht ist so betrachtet ein weiterer Schritt in die richtige Richtung.

Auch wenn das Schließen von Bundeswehrstandorten für viele Anwohner zum Problem wird. Wenn man bestimmten Regionen in Niedersachsen auch noch die Kasernen nimmt, was bleibt den Menschen dort dann noch? Nur noch Unzucht mit Schafen? Und wenn es keine Wehrpflichtigen mehr gibt, wer bitte soll dann freitags die Regionalbahnen vollkotzen?

Dennoch war die Aussetzung der Wehrpflicht (ausdrücklich nicht die Abschaffung, nur für den Fall, dass der Russe doch noch kommt) konsequent. Und mit etwas Glück werden deutsche Auslandseinsätze in ein paar Jahren nur noch von Dirk Niebel und seinem Entwicklungshilfeministerium koordiniert.

DEUTSCHE HELDEN

Dirk Niebel

an kann was werden, ohne was zu sein, denn sonst müsste man ja nichts mehr werden.» Dirk Niebel las diesen Spruch auf dem Kalenderblatt des 29. März, seines Geburtstags, und verstand ihn nicht. Machte aber auch nichts, denn Dirk Niebel ist ein Bundesminister. Vorhin hatte ein alter Kumpel, den er noch vom Kommiss her kannte, aus einem der Einsatzgebiete bei ihm angerufen: «Ey, Furzi, wie geht's, alles in deutscher Hand?», hatte der ihn am Telefon begrüßt. An sich fand Dirk Niebel das nicht mehr so witzig, wenn man ihn mit seinem Spitznamen aus der Bundeswehrzeit ansprach, aber bei Rita war das was anderes, Stabsunteroffizier Edzardt Ritalski, genannt «Rita», war sein Ausbilder bei den Fallschirmjägern gewesen, ein Kumpel, mit dem man Pferdescheiße stehlen konnte. «Rita, altes Senkblei, rate mal, was ich heute bin», schlug Dirk Niebel sofort den gleichen vertraulichen Ton gemeinsamer Jahre an. Als Rita hörte, dass Dirk Niebel Bundesminister für wirtschaftliche Zusammenarbeit ist, bekam er am Fernsprecher einen Kollaps. «Furzi, du bist Minister, ich lach mich weg, sag mal, trägst du auf'm Scheißhaus immer noch diese bekloppte Mütze von früher, harhar?» Dirk Niebel wurde das Gespräch allmählich zu vertraulich, natürlich würde der Verfassungsschutz mithören, dies war schließlich keine sichere Leitung. «Ich hab 'ne Idee, Rita, ich nehm dich mit auf meine nächste Safari, da ist irgend so eine Hungerkonferenz in Nairobi, kommste einfach mit als mein Berater, und abends ziehen wir in Nairobi um die Häuser.» Dirk Niebel hatte ursprünglich, als er noch der Kettenhund von Guido war, vorgeschlagen, das Entwicklungshilfeministerium dichtzumachen, im Grunde nur, um die alte Hexe Heidi Wieczorek endlich auszuräuchern. Doch dann kam alles anders: Er, der Arbeitsamtsverwaltungswirt und Hauptmann der Reserve, Mittelschüler und Mützenträger, wurde zum Minister just eben des Ladens ernannt, den er abschaffen wollte. Na ja, so blöd konnte man ja nun wirklich nicht sein und sich selbst den fliegenden Teppich un-

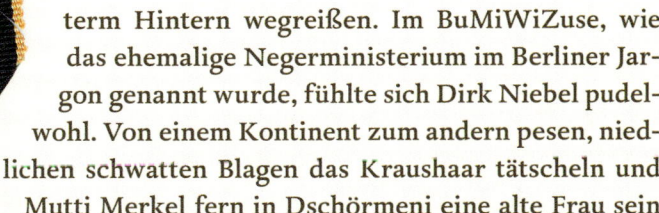

term Hintern wegreißen. Im BuMiWiZuse, wie das ehemalige Negerministerium im Berliner Jargon genannt wurde, fühlte sich Dirk Niebel pudelwohl. Von einem Kontinent zum andern pesen, niedlichen schwatten Blagen das Kraushaar tätscheln und Mutti Merkel fern in Dschörmeni eine alte Frau sein lassen, das war 'ne Wucht. Anders als sein Freund und Kupferstecher Guido stand er nicht im Rampenlicht, musste sich nicht wie Rösler mit den Pillendrehern rumärgern oder in dem versifften Afghanistan abhängen. Nix da, Big Furzi hatte es geschafft, vom einfachen Hamburger Fischbrötchen-Fresser zum Minister. Und als ihm wieder mal klar wurde, was für ein tierisches Schwein er gehabt hatte im Leben, fühlte Dirk Niebel sich so wohl wie fünftausend Säue. In heiterem Überschwang ließ er von der Flugbereitschaft eine Challenger auftanken und rief seinen alten Kumpel wieder an: «Rita, alte Kackstelze, wo bist du? Was, Priština, ich hol dich ab, in zwei Stunden Skopje-Airbase, ich hab heute Geburtstag und lad dich ein zum Essen nach Zypern, ich kenne da einen total leckeren Griechen, wahnsinnige Portionen.»

(Dietmar Wischmeyer)

Die Verhaftung Osama bin Ladens
(Was wirklich geschah)

Das US-Einsatzkommando «Navy Seals» umstellt den geheimen Schlupfwinkel des Al-Kaida-Führers ...

... und setzt seine schlimmste Waffe ein: Klingelmännchen!

«Verdammt, wer kann das denn sein?
Weiß doch keiner, dass ich hier wohne!»

«Gut'n Aaaaabend!»

Über 50 Millionen Deutsche sind Mitglied in einer Kirche.

Aus gutem Grund. Wenn der junge Mensch erwachsen wird, braucht er eine Institution, die die Rolle der Mutter übernimmt. Jemanden, der unzufrieden mit dir ist und dir andauernd versichert, dass du im Leben alles falsch machst. Diese Institution ist die Kirche. Die Mitgliedschaft ist unkompliziert und ähnelt der im Fitnessstudio – man zahlt jeden Monat viel Geld, geht aber nur einmal im Jahr hin.

Es gibt zwei große Kirchen in Deutschland:

Die katholische Kirche ist DIE kultige Oldschool-Church. Hier gibt es alles, was das religiöse Herz begehrt. Sünden, Opfer, Buße, Schuld und spitze Hüte. Der mit dem größten Hut ist der Papst. Er ist der Stellvertreter Gottes auf Erden, und deshalb wohnt er auch genau wie Jesus in einem gigantischen Palast.

Die katholische Kirche ist im Grunde ideal für Religionseinsteiger, denn hier wird einem klipp und klar gesagt, was man zu tun und – noch wichtiger – was man zu lassen hat.

Die evangelische Kirche ist die «katholische Kirche light». Koffein- und laktosefrei. Keine Beichte, keine Prügel, keine goldenen Handtäschchen. Das hat aber wenig mit Bescheidenheit zu tun. Die Evangelen hatten einfach ein paar Jahrhunderte weniger Zeit, Reichtümer zusammenzuraffen.

Zu den wichtigsten «Events» des Jahres gehört der «Kirchentag». Das ist so was wie die Loveparade, nur mit etwas weniger Drogen.

Ansonsten gibt's hier auch noch den Islam (der zu Deutschland gehört oder auch nicht: je nachdem wen man fragt), Scientologen stehen in der Fußgängerzone und nerven, die Zeugen Jehovas kommen dafür sogar zu dir nach Hause.

«heute show»-Fazit: Wer sich gerne nebulöse Versprechen anhört und es außerdem ganz gut findet, wenn ihm das Geld aus der Tasche gezogen wird, der sollte ruhig einer Religionsgemeinschaft beitreten. Oder 9Live gucken.

Lass jucken, Kardinal

Kirche heute

In Zeiten des galoppierenden Werteverfalls ist es beruhigend, wenn man noch zu irgendjemandem aufblicken kann. Zu Margot Käßmann zum Beispiel. Einst Bischöfin (Chefin, CEO, oberster Indianer) vom Team der Evangelen.

Die ist in Hannover mit ihrem VW Phaeton betrunken über eine rote Ampel gekachelt. Und leider sieht ja nicht nur Gott alles, sondern auch die «Bullerei» (biblischer Ausdruck für Verkehrspolizisten). Schöner Mist.

Was macht ein katholischer Bischof in so einer Lage? Der beichtet den Spaß, haut fünf «Ave-Maria» raus, kippt noch schnell 'nen «Klaren» hinterher, und der Käse ist gegessen.

Echt ärgerlich für Frau Käßmann, dass ausgerechnet ihr Verein die Sache mit der Beichte damals abgeschafft hat. Manchmal kneifen dich eben die eigenen Ideen in den Arsch. Die Bischöfin sah daher nur noch einen einzigen Ausweg und trat zurück. (Übersetzung für die erstaunten Politiker unter den Lesern: Zurücktreten heißt FREIWILLIG auf sein Amt verzichten. Ja, das gibt's auch!)

Ein Schritt, der Margot Käßmann völlig zu Recht und überkonfessionell großen Respekt eingebracht hat. Auch wenn sich um ihre Alkoholfahrt nach wie vor Gerüchte ranken. Wer war zum Beispiel der geheimnisvolle Beifahrer? Der Polizeipräsident von Hannover? Gerhard Schröder? Elvis? Oder doch Harvey, der unsichtbare Hase? Eins ist sicher: Als sie am nächsten Morgen aufwachte, läuteten in ihrem Kopf ganz gewaltig die Glocken. Aus dem Buche Ramazzotti: «Und der Schutzmann aber sprach: ‹Führerschein und Fahrzeugpapiere bitte, Frau Bischof!›»

Wer nüchtern ist, der werfe den ersten Eiswürfel.
Amen.

Der Fall Mixa

Die großen Konfessionen bieten ihren «Usern» natürlich ganz unterschiedliche «Features». Allerdings gibt es auch Gemeinsamkeiten. Beide versprechen zum Beispiel «ewiges Leben», und zwar ohne «Geld-zurück-Garantie», wenn's nicht klappt.

Und bei beiden wurde Kindesmissbrauch jahrzehntelang vertuscht und totgeschwiegen. Ohne dass dies nennenswerte personelle Konsequenzen nach sich gezogen hätte.

Da kann man selbst als Atheist nur hoffen, dass die Sache mit der Hölle doch stimmt.

Als direkte Folge der Skandale nahm die Zahl der Kirchenaustritte drastisch zu. Und immer mehr Opfer trauten sich an die Öffentlichkeit.

Petra Radetzky

Petra: *Hier in Rom wird spekuliert, dass Benedikt sich in einem Schreiben an die deutsche Geistlichkeit wendet. Wahrscheinlich steht da so was drin wie: Reißt euch am Riemen, Jungs! Und zwar zur Abwechslung mal am eigenen!*

Oli: Der Regensburger Bischof Müller hat gesagt: «Von den Medien wird gegen uns gezischt und gefaucht. Ziel der Kampagne ist, die Glaubwürdigkeit der Kirche zu erschüttern!»

Petra: *Ich bitte Sie! Um ihre Glaubwürdigkeit zu erschüttern, ist die Kirche weiß Gott nicht auf die Medien angewiesen. Das kriegt die schon ganz alleine hin.*

Der Augsburger Bischof Mixa, Spitzname «Watschn-Walter», hat eine besonders eigenwillige Theorie zur Frage, warum sich so viele Priester an Kindern vergehen: Nicht der Zölibat ist schuld. Nein, die Hippies natürlich! Die verfluchten 68er!

> **«Die sogenannte sexuelle Revolution, in deren Verlauf von besonders progressiven Moralkritikern auch die Legalisierung von sexuellen Kontakten von Erwachsenen und Minderjährigen gefordert wurde, ist daran sicher nicht unschuldig.»**
>
> WALTER MIXA, *ehemaliger Bischof von Augsburg*

So sieht's nämlich mal aus! Und Bibi Blocksberg ist schuld an der Hexenverfolgung!

Am Ende war die «Faust Gottes» sogar den eigenen Kollegen zu peinlich. Im Herbst 2010 hatte es sich für Mixa ausgemixt: Immer mehr Menschen bezeugten, als Kinder von ihm geschlagen worden zu sein. Er reichte schließlich seinen Rücktritt ein. Und zwar – wie heißt noch mal das Gegenteil von freiwillig? – auf massiven öffentlichen Druck, genau. Und so klingt bischöfliche «Reue»:

> **«Wenn jetzt das Thema auf die Frage nach Ohrfeigen zugespitzt wird, will ich ehrlich sagen, dass ich … die eine oder andere Watschn von vor zwanzig oder dreißig Jahren natürlich nicht ausschließen kann.»**
>
> WALTER MIXA, *ehemaliger Bischof von Augsburg*

Christian: Jetzt wollen wir doch bitte mal die Kirche im Dorf lassen! NATÜRLICH kann der Mixa die eine oder andere Watschn nicht ausschließen! Wer weiß denn noch genau, wem er vor zwanzig Jahren alles eine geschmiert hat?! Watschn waren damals vollkommen normal! Gerade in den 70ern war so 'ne gepflegte Watschn doch quasi üblich. Das war eine andere Art, hallo zu sagen!

Oli: Das ist – lassen Sie es mich auf Lateinisch sagen: Bullshit! Selbst in Bayern wurde die körperliche Züchtigung an Schulen 1970 verboten. Also vor vierzig Jahren. Ich bin in den Siebzigern und Achtzigern zur Schule gegangen. Da wurden keine Schüler geschlagen. WENN überhaupt, wurden ab und an mal Lehrer geschlagen.

Inzwischen kümmern sich runde Tische um die Aufarbeitung des Missbrauchs. Sogar von Entschädigung ist zumindest die Rede. Ein Schritt in die richtige Richtung. Denn was pädophile Geistliche angeht, gab es früher bei beiden Konfessionen nur EINE Verfahrensweise: Man versetzte sie so lange immer wieder in andere Gemeinden, bis sie zu altersschwach waren, um noch irgendjemanden zu belästigen. Quasi die «biologische» Lösung.

Schon 1980 wurde zum Beispiel ein Priester als allseits bekannter Kinderschänder nicht etwa vor Gericht gestellt, sondern lediglich von Essen nach München versetzt.

Und bei seinen verirrten beziehungsweise verwirrten Schäfchen ist dieser Mann immer noch ein überraschend beliebter Mann, wie die Homepage seiner letzten Gemeinde beweist. Er war ein «Priester zum Anfassen». Was in dem Fall leider nicht mal gelogen ist.

Vielleicht hätten die Katholiken in aller Welt das UNS gar nicht zugetraut, aber WIR sind ein ganz schön fortschrittlicher Papst! (Denn laut «Bild» ist ja nicht nur der Herr Ratzinger zum Papst gewählt worden, nein, WIR sind Papst.)

UNSER Benedikt sorgte jedenfalls für eine Sensation, für ein wahres Erdbeben in der katholischen Kirche: Der Papst ist nicht mehr prinzipiell gegen die Verwendung von Kondomen!

Wer hätte das gedacht: Die katholische Kirche lässt freiwillig das frühe Mittelalter hinter sich und katapultiert sich mitten ins späte Mittelalter!

Kondome «könnten» laut Benedikt XVI. in «berechtigten Einzelfällen» angebracht sein.

Damit meint er allerdings nicht die schnelle Nummer auf dem Bierzeltklo. Der oberste Hirte ist tatsächlich nach wie vor kein Kondomfan, weil das Kondom «zu einer Banalisierung der Sexualität führt».

Diese Ansicht muss man leider als ausgesprochen praxisfern bezeichnen. In der Realität führen Kondome nachweislich zu keiner Banalisierung, sondern zu einer KOMPLIZIERUNG der Sexualität. Besonders, wenn man was getrunken hat, aber das nur am Rande.

«Oliver, hüte deine Zunge!!!

Ich bin es, der Allmächtige!

Der Programmdirektor

des ZDF! Höre auf,

so lästerlich über

die katholische

Kirche zu

sprechen.

Oder ich

schicke

dich

zurück

zu

RTL!»

Verdammt. Der Programmdirektor! Den gibt's wirklich?
Und ich dachte, den hätten sich religiöse Spinner
nur ausgedacht!

Deutschland hat ein Problem. Unsere Bürger werden aus rein egoistischen Gründen immer älter. Angesichts der explodierenden Kosten im Gesundheitswesen ein unverantwortlicher Wahnsinn.

In früheren Jahrhunderten wussten die Senioren noch, was zu tun ist, wenn man anfängt, der Gemeinschaft zur Last zu fallen. Damals gingen Oma und Opa ohne großes Trara in den nächstgelegenen Wald, wo die Wölfe die Sache mit der Alterspyramide im Lot gehalten haben.

Zu Beginn des 21. Jahrhunderts gibt es in Deutschland aber viel zu wenig Wölfe (außer im Osten von Brandenburg, wo dafür kaum noch Menschen leben).

Und die Rentner blockieren von morgens bis abends die Wartezimmer der Ärzte beziehungsweise die besten Geräte in den Fitnessstudios. Sie weigern sich nicht nur, rechtzeitig abzutreten, sie weigern sich sogar, wie alte Leute auszusehen! Statt in den beige-braunen «Omma-Einheitslook», den die Natur für sie vorgesehen hat, prömmeln sie sich in violette Leggings, die fraglos Gift für die Durchblutung sind.

Kein Wunder also, dass unser Gesundheitssystem kurz vor dem Kollaps steht. Und kein Wunder, dass kein normaler Mensch Gesundheitsminister werden will. Diesen Job gibt man nur abgehalfterten Politikern, die kurz vor dem Gnadenbrot stehen. ODER jungen Hüpfern, denen man den letzten Rest Lebensfreude austreiben will. So geschehen im Fall des Regierungspraktikanten Philipp Rösler. Dem das Dauergrinsen auszutreiben ist allerdings eine echte «Mission impossible».

Der Doktor und das dumme Vieh
Deutschlands krankes Gesundheitswesen

Im Fernsehen ist die Welt der Krankenhäuser eine tolle Sache. Blendend aussehende junge Ärzte oder väterlich-grantige ältere Chefärzte kümmern sich mit Herzblut um sympathische Patienten, während sie darüber nachdenken, welche der blendend aussehenden Krankenschwestern sie heiraten und welche sie einfach nur knattern sollen.

Wer schon einmal in einem echten Krankenhaus war, der weiß, dass die Realität eine andere ist.

Die gutaussehenden Ärzte sind verheiratet, und die Chefärzte sind immer Golf spielen. Aber selbst WENN sie zwischendurch mal kurz in ihrer Klinik vorbeischnuppern: Kassenpatienten werden nicht mal gegrüßt. Privatpatienten werden sogar mehrmals gegrüßt, weil einmal grüßen als «Beratungsgespräch» gilt und mit 180 Euro berechnet wird.

Muss das eigentlich so sein? Und wie genau funktioniert unser Gesundheitssystem?

> **«Wenn es mir nicht gelingt, ein vernünftiges Gesundheitssystem auf die Beine zu stellen, dann will mich keiner mehr als Gesundheitsminister haben.»**
>
> PHILIPP RÖSLER, *ehemaliger Gesundheitsminister*

Deshalb bist du ja auch nur noch Wirtschaftsminister.

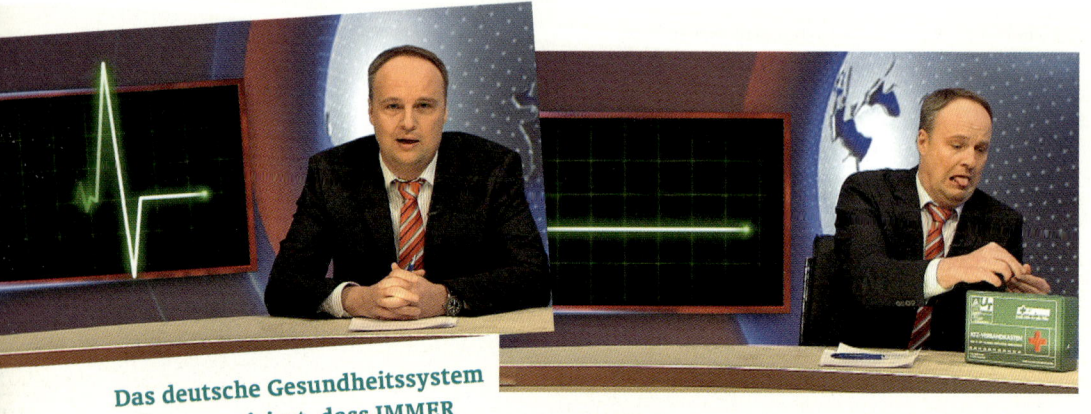

Das deutsche Gesundheitssystem ist so organisiert, dass IMMER etwas mehr Geld ausgegeben wird, als da ist.

Und dann funktioniert es wieder. Für gefühlte drei Minuten. So lange, bis das System einen Herzkasper kriegt.

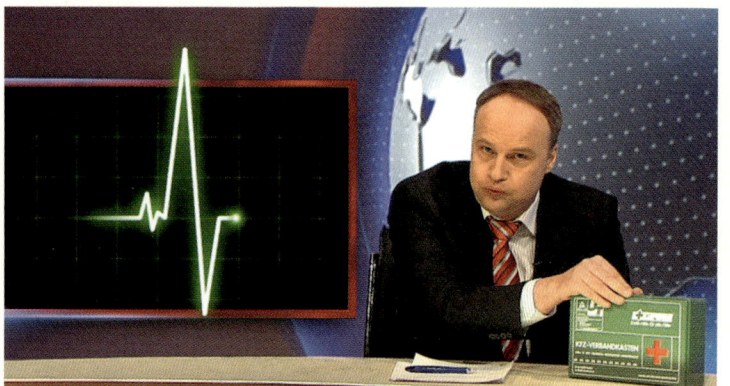

Dann muss Geld nachgeworfen werden.

Warum das so ist? Weil sich's bewährt hat. Zumindest für die Apotheker, die Pharmakonzerne und die Krankenkassen. Rein THEORETISCH könnte man denen natürlich einfach mal weniger Geld in den Rachen schmeißen oder sie gar zum echten Sparen zwingen.

PRAKTISCH hat das noch kein deutscher Gesundheitsminister ernsthaft versucht. Weil die zuständigen Lobbyisten dann menschlich total enttäuscht wären. Und wer jemals in die großen Kulleraugen eines traurigen Pharmalobbyisten

geblickt hat, weiß: Diesen süßen Rackern kann man einfach keinen Wunsch abschlagen. Schon gar nicht als FDP-Minister. Was also tun gegen die Kostenexplosion?

> **«Einer muss es bezahlen.»**
>
> PHILIPP RÖSLER,
> *ehemaliger Gesundheitsminister*

Interessant. EINER muss es bezahlen. Da staunt der naive Sozialromantiker und

schmiert sich seine Träume von einer Soli-
dargemeinschaft in die Haare. Eben nicht
ALLE zahlen etwas, sondern EINER. Aber
wer ist der EINE? Wer ist die arme Sau?

**Ist das spannend! Die Ärzte? Die Apotheker?
Meine Damen und Herren! Bezahlen muss ...
Trommelwirbel ...**

**Der Kassenpatient! Och. Der
hat aber auch immer ein Pech,
der Kassenpatient.**

**Moment mal, auf allen Zetteln
steht «Kassenpatient»!**

Der Fairness halber sei hinzugefügt:
Rösler ist nicht der Erste, der stumpf die
Beiträge erhöht und das dann ernsthaft
«Reform» nennt.

Aber weil man als Liberaler natürlich
einen Ruf zu verlieren hat, gibt's noch ein
Zückerchen «on top». Der Arbeitgeberanteil wird eingefroren, die Zusatzkosten
zahlt ab jetzt der Arbeitnehmer alleine.
Zusatzkosten wohlgemerkt, die die Kassen
in Zukunft quasi nach Belieben anheben
dürfen. Fass, Opposition! Fass!

> **«Das sind die Zusatzbeiträge
> von Herrn Rösler und von
> dieser Koalition. Und das hat
> nichts mit uns zu tun.»**
>
> SIGMAR GABRIEL,
> *SPD-Parteivorsitzender*

Obwohl höchstwahrscheinlich privat
versichert, hat Genosse Gabriel es offenbar
versäumt, sein Kurzzeitgedächtnis regelmäßig «checken» zu lassen. Die Zusatzbei-
träge sind nämlich ein (leider missgestal-
tetes) Kind der großen Koalition aus SPD
und CDU. Aber das kennen wir ja alle: An
manche Ex-Freundinnen mag man sich
einfach nicht mehr gern erinnern.

Oli: *Wieso zahlen eigentlich nur die Arbeitnehmer die Zusatzkosten und nicht die Unternehmen?*

   Ehring: Ja ... wenn das alle bezahlen müssten, dann wär's ja keine Klientelpolitik. Was'n das für 'ne bescheuerte Frage?

Oli: *Die Kosten im Gesundheitswesen explodieren weiter fröhlich vor sich hin. Wer ist schuld?*

   Ehring: Ganz einfach, Oliver. Du! Wir Deutschen sind Weltmeister im «Zum-Arzt-Rennen». Im Schnitt <u>18-mal</u> pro Jahr. Viele werden öfter von ihrem Arzt intim angefasst als von ihrem Partner.

Philipp Rösler kriegt seine tägliche Grinse-Spritze, damit er den Tag durchsteht.

Erfrischend ehrliche Auskünfte aus dem Herzen der Pharmaindustrie

Interview mit einem (inzwischen gefeuerten) Lobbyisten

Müssen wir davon ausgehen, bald von chinesischen Billig-Arzneimitteln überschwemmt zu werden?

Patentfreie Medikamente können ohne weiteres nachgeahmt werden, und hier braucht man häufig ... nee, das darf ich auf keinen Fall sagen.

Was wollen Sie auf keinen Fall sagen?

Dass viele Produkte relativ einfach herzustellen sind. Wenn dieses Arzneimittel in Deutschland auf dem Markt ist, entspricht es bestimmten qualitativen Mindeststandards. Das heißt nicht, weil es billiger ist, dass es schlechter ist.

Entschuldigen Sie, wollen Sie das wirklich sagen?

Das ist die Wahrheit. Produkte, die aus Indien oder aus China hier auf den Markt kommen, entsprechen den qualitativen Standards, die wir auch haben.

Ja, aber das wollen Sie nicht sagen.

Nein, das möchte ich ungern sagen.

So notwendig die anhaltende Diskussion über die Kosten unseres Gesundheitswesens sein mag: Wir verlassen uns viel zu sehr auf die klassische Schulmedizin. Statt auf das uralte Wissen der Generationen vor uns zu hören:

> **«Rauchverbot finde ich nicht richtig, weil noch nicht festgestellt wurde, ob Rauchen schädlich ist.»**
>
> HEINO, *Schlagersänger*

Hört, hört! Und Heroin und Crack haben auch noch keinem geschadet.

Heino weiß sicher auch: Rauchen verschlechtert gar nicht das Sehvermögen. Das kommt nämlich vom häufigen Onanieren.

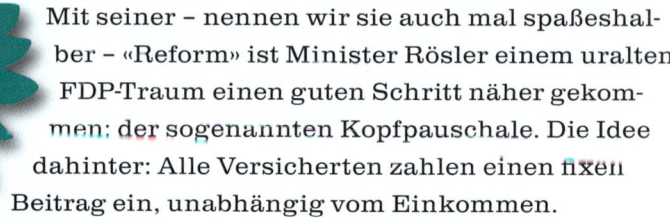

Mit seiner – nennen wir sie auch mal spaßeshalber – «Reform» ist Minister Rösler einem uralten FDP-Traum einen guten Schritt näher gekommen: der sogenannten Kopfpauschale. Die Idee dahinter: Alle Versicherten zahlen einen fixen Beitrag ein, unabhängig vom Einkommen.

«Es ist nicht so, dass dann der Generaldirektor so viel bezahlen muss oder so wenig wie eine Putzfrau.»

Wenn Sie in diesem Satz die Worte «Es ist nicht so» streichen, dann stimmt er. Exakt das verbirgt sich hinter der Kopfpauschale: Der Generaldirektor Volker Kauder bezahlt genauso viel wie seine Putzfrau. Total unsozial? Na klar! Kleiner Ausgleich: Für wirklich Bedürftige gibt es eventuell Zuschüsse aus Steuergeldern, die aus dem Bürokratiemonster Gesundheitssystem ein FETTES Bürokratiemonster machen.

Kurz zusammengefasst: What you wähl is what you get! Philipp Rösler macht genau das, was man von einem FDP-Gesundheitsminister erwarten durfte. Die einzigen Menschen, die das wundert, sind ein paar unverbesserliche grüne Idealisten:

«Es ist eine wahre Blase der Ungerechtigkeit, dieses Gesundheitssystem. Und ich sage euch was: Philipp Rösler, der sitzt an seinem Ministertisch, und der tritt eifrig auf den Blasebalg, und der sorgt dafür, dass diese Blase der Ungerechtigkeit immer größer und größer wird!»

ANNE SPIEGEL

Altes rhetorisches Missverständnis: Vergurkte Metaphern werden durch penetrante Wiederholung nicht besser. Bald im Kino: «Harry Potter und Die Blase der Ungerechtigkeit». (Weitere sehr gute «Blase»-Witze sind den «heute show»-Autoren aus unerfindlichen Gründen leider gestrichen worden.)

Olaf Schubert FRÄGT NACH

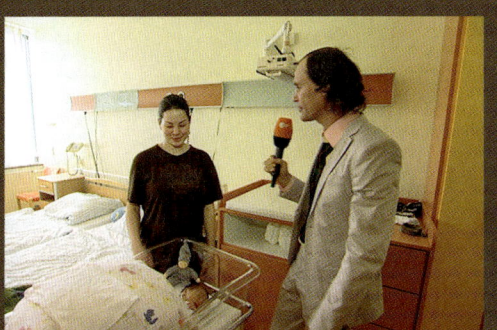

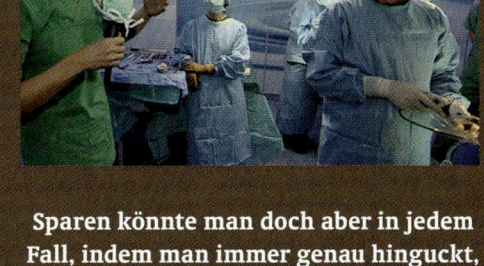

Sie haben vor wenigen Tagen hier einen kleinen Zappelphilipp oder eine kleine Zappelphilippine zur Welt gebracht, das ist etwas Schönes, dazu sage ich «Ja!», andererseits wurden dadurch hohe Kosten verursacht, bleibt da ein Hauch schlechtes Gewissen?

Sparen könnte man doch aber in jedem Fall, indem man immer genau hinguckt, was man abschneidet, nicht das ganze Bein, sondern nur den Oberschenkel.

Ein weiteres Problem des deutschen Gesundheitswesens ist der Ärztemangel auf dem Land. Manches ostdeutsche Dorf lockt junge Doktoren bereits mit horrendem Handgeld, großflächigen Ländereien sowie der Hand der Königstochter. Nützt in der Regel nichts. Philipp Rösler schlägt daher was ganz anderes vor:

Zu wenig Ärzte? Numerus clausus abschaffen! Genial! Denn was Deutschland fehlt, sind mehr doofe Ärzte. Dann können endlich auch die Medizin studieren, die ihr Abitur im Big-Brother-Container gemacht haben.

Ach ja: Der junge, unerfahrene Philipp Rösler wurde dann ersetzt durch den noch unerfahreneren Daniel Bahr.

Chapeau und Hut ab, private

Krankenkassen! Gewonnen, und zwar

auf ganzer Linie. Ihr denkt euch was aus,

und euer kleines Rösler-Maskottchen

schreibt das brav in seine kleinen Gesetze.

Sie lebe also hoch, die Zweiklassenmedizin!

Leider bringt es gar nichts, über euch

gesichtslose Strippenzieher zu lamentieren.

Und dennoch ...

Ich hasse euch! Ich hasse euch so

sehr, dass es weh tut! Ich will aber

nicht, dass es weh tut, denn dann

muss ich wieder zum Arzt. Und sitze

sieben verschissene Stunden im

Wartezimmer rum! Wartezimmer, Rösler! Du weißt wahrscheinlich gar nicht, was das ist, oder? Da sitzen die ganzen asozialen Kassenpatienten und warten auf den Tod! Ja, in deinem Alter ist das alles noch lustig, Rösler, aber warte mal ab, bis du so alt bist wie ich! Jahaha! Dann musst du auch fünfmal die Nacht pissen!

Ernährung in Deutschland

Was Ernährung angeht, ist Deutschland ein sehr traditionsbewusstes Land. Seit der Zeit der Staufer wird das Frühstück bei uns um sieben Uhr eingenommen, das Mittagessen um zwölf und das sogenannte Abendbrot um achtzehn Uhr. Minimale Abweichungen (von bis zu fünf Minuten) sind in besonderen Ausnahmesituationen (Naturkatastrophen, Weltkriege) möglich.

Der Deutsche isst im Prinzip alles. Solange es aus Fleisch besteht. Gemüse war über Jahrhunderte völlig unbekannt und wird bis heute bei den meisten Gerichten nur zu Dekorationszwecken eingesetzt. (Auf Speisekarten als «Salatbeilage» gekennzeichnet – Achtung: nicht zum Verzehr geeignet!) Die Vielfalt der Wurstwaren gehört zu den identitätsstiftenden Errungenschaften der Deutschen. Bereits von deutschen Kreuzfahrern ist der Satz überliefert: «Du kriegst hier im Süden ja keinen vernünftigen Aufschnitt.»

Als direkte Folge der Erfindung des Fernsehens (beziehungsweise der Tiefkühlkost) legen die Deutschen gegen Ende des 20. Jahrhunderts drastisch an Gewicht zu. Dicke Kinder und Frauen in bizarr eng sitzenden Leggings prägen das Bild der Fußgängerzonen. Dies führt aber auch zu einer Art Gegenbewegung: Der Begriff «bewusste Ernährung» hält Einzug in den Sprachgebrauch. Die Idee dahinter: Nicht bei JEDER Mahlzeit bis zur Bewusstlosigkeit reinschaufeln! Und ruhig zu den Pommes auch mal einen Müsliriegel knabbern!

Tipp für ausländische Besucher: Die beiden am häufigsten gestellten Fragen in deutschen Restaurants sind: «Mitnehmen oder hier essen?» und «Was drauf?».

MacMüll, ich liebe es!
Deutschlands beste Lebensmittelskandale

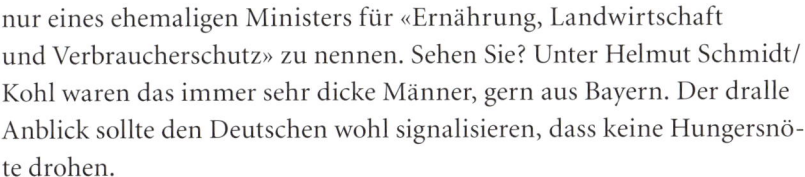

Verantwortlich für die Ernährung der deutschen Bevölkerung ist die «Ministerin für Ernährung, Landwirtschaft und Verbraucherschutz». Zur Zeit der Drucklegung dieses Buches heißt sie Ilse Aigner.

Ein Name, den Sie sich eigentlich nicht merken müssen.

Denn an «Minister für Ernährung, Landwirtschaft und Verbraucherschutz» erinnert sich ohnehin keiner. Glauben Sie nicht? Versuchen Sie mal, spontan den Namen auch nur eines ehemaligen Ministers für «Ernährung, Landwirtschaft und Verbraucherschutz» zu nennen. Sehen Sie? Unter Helmut Schmidt/ Kohl waren das immer sehr dicke Männer, gern aus Bayern. Der dralle Anblick sollte den Deutschen wohl signalisieren, dass keine Hungersnöte drohen.

Kaum vorstellbar, aber tatsächlich rangiert das «Happa-Happa»- Ministerium in der Hackordnung des Kabinetts noch UNTER dem Frauenressort. Bitter. Aber im Grunde hat der/die/das Minister für Ernährung und Trallala natürlich auch eine ganz simple Aufgabe: Er/sie/ es muss die berechtigten Interessen der Industrie vor dem überzogenen Anspruchsdenken des Verbrauchers schützen.

Der Nahrungsmittelindustrie muss langfristig ermöglicht werden, unser Essen nach und nach durch Abfall zu ersetzen. Analogkäse, Klebeschinken, Broccoli, dem teuflischen Erfindungsgeist der Food- Designer sind keine Grenzen mehr gesetzt.

Die traurige Wahrheit: Gutes Essen kostet tatsächlich Geld. Und dieses Geld darf auf keinen Fall beim Bio-Bauern landen, denn der kauft sich davon ja doch nur neue Latzhosen aus Hanf.

Die Kehrseite des Minister-
amts: Man muss den ganzen Mist,
den die Industrie produziert,
einmal im Jahr auch selber essen.
Verdammte Grüne Woche!

Dr. Franken-
schwein bei der
Wurstherstellung.
Hmmm ... lecker!

Der Deutsche und sein Essen

Wer einmal in einem Hotel mit ansehen musste, wie
enthemmte deutsche All-inclusive-Touristen unter
Kriegsgeschrei Schneisen ins Buffet futtern, der ahnt,
wo das Problem liegt: Genuss ist nicht eben unser zweiter
Vorname. Im Grunde schrumpft das Anforderungsprofil an
gutes Essen auf zwei Adjektive zusammen: viel und billig.

Kaum ein anderes westliches Industrieland gibt pro Kopf so
wenig für Lebensmittel aus wie Deutschland. Und kaum einer
fragt sich hier mal ernsthaft, wie genau die verblüffend niedri-
gen Preise zustande kommen. Was einen im Ernstfall natürlich
nicht vom Rumheulen abhält: «Was, in meinem Döner klebt ein
altes Pflaster?! Aber ich hab doch 1 Euro 80 dafür bezahlt!»

Oder nehmen wir mal ein anderes populäres Sargnagel-Gericht, die klassische Pizza. Und zwar eine, die ein bemitleidenswert zügelloser Genussmensch wie Oliver Welke bestellen würde: die «Pizza gigantico» mit Schinken, doppelt Käse, Sauce hollandaise und Extra-Bacon. Das Problem: Der «Kochschinken» ist gar keiner, sondern ein «Vorderschinkenerzeugnis aus teilweise fein zerkleinerten Vorderschinkenteilen, grob entfettet, ohne Schwarte, mit Trinkwasser und Stärke, gepökelt und gegart».

Nur noch zu toppen mit «Klebeschinken». Für den wird zunächst das Schwein in die Luft gesprengt, und dann kommen Laboranten und pappen die Leichenteile mit einer chemischen Klebeschlotze wieder zusammen. Klebeschinken ist also so was wie der Zombie unter den Schinken.

«Macht nix», denkt der dicke Welke. «Lutsch ich halt nur den Käse von der Pizza.» Aber auch der ist – Surprise, Surprise! – gar kein echter Käse. Der sogenannte Analogkäse (siehe auch: Digitalkäse) hat nie eine Kuh von innen gesehen. Es handelt sich um ein profitoptimiertes Kunstprodukt aus Wasser, Pflanzenfett, Protein und Geschmacksverstärkern.

Lauter Fakten, die nicht auf dem Pizzakarton stehen. Aber selbst wenn: Wer würde sich wirklich lange drüber aufregen? Echte Aufregung gibt's dafür, wenn laut EU-Verordnung in Lebensmittelpackungen plötzlich weniger drin sein darf.

Fazit: Der Deutsche frisst jeden Dreck, aber wehe, es ist zu WENIG Dreck in der Packung.

Olaf Schubert FRÄGT NACH

Immer mehr Deutsche sind zu dick, also zu viel Körpergewicht ist auf zu wenig Körpergröße verteilt.

Kalorien, Zucker, Fette, Emulgatoren, Zusatzstoffe, Backtriebmittel: Stellt euch, kommt in mich, ihr Feiglinge!

Mit solchem Osmose-Gedöns zieht man das Zunehmen ja nur unnötig in die Länge. Aber: Man verzichtet auch auf wertvolle Pestizide.

Die Gewichtszunahme ist nur eine Antwort auf den Sarrazin-Diskurs. Es gibt immer weniger Deutsche, aber die werden immer schwerer. Also von der Nettofleischeinwaage bleibt Deutschland konstant.

Müllessen ist aber nur EINE deutsche Ernährungstradition. Die andere ist der «Lebensmittelskandal». Denn auch wenn wir an den Produktionsbedingungen in der Lebensmittelbranche nie wirklich was ändern, so gruseln wir uns trotzdem gern.

Tatsächlich gehört der handfeste Lebensmittelskandal inzwischen zur jährlichen Medienfolklore. So wie die «Bild» eben auch mindestens dreimal im Jahr titeln muss: «Benzin-Wut!»

Im Grunde liest man inzwischen fast jeden Morgen von Nachspeisen auf Salmonellenbasis, die komplette Altenheime entvölkern, von Parasiten im «Frischfisch» und natürlich von Dioxin. Der Dioxinskandal ist eindeutig der Smash-Hit unter den Futterskandalen. Zuletzt in Ei-Form. Dioxin in jedem siebten Ei, da spielt die ganze Familie schon am Frühstückstisch zusammen «Russisch Omelette».

In der Folge stellte sich heraus, dass gerade zwölf (12!) staatliche Kontrolleure in Niedersachsen Zehntausende Futtermittelbetriebe kontrollieren müssen. Daraufhin überschlagen sich die Ereignisse: Ganz Deutschland regt sich furchtbar auf, Ilse Aigner sagt: «Man kann jetzt nicht einfach zur Tagesordnung übergehen», und dann geht man zur Tagesordnung über.

WAS SCHLUCKST DU?!

DIOXIN FORMTE DIESEN SCHÖNEN KÖRPER

Wir erinnern an dieser Stelle an ein besonders düsteres Kapitel der jüngeren deutschen Geschichte: Am 14. August 1919 wurde dem einfachen Volk etwas wahnsinnig Kostbares weggenommen: der Adel. Mit dem Inkrafttreten der Weimarer Reichsverfassung.

Adlige waren plötzlich genauso viel, besser gesagt genauso wenig wert wie ihre Untertanen! Was für ein Irrsinn!

Ein Irrsinn, der sich fast hundert Jahre später bitter rächen sollte. Wir Deutschen verspüren nämlich noch heute die tiefe Sehnsucht, von schönen Menschen geführt zu werden, von Menschen, die qua Geburt und Geblüt wertvoller sind als wir. Auch wenn Zeitschriften wie «Bunte» oder «Gala» verzweifelt versuchen, die Sehnsucht nach echter Elite mit sogenannten «Promis» zu befriedigen, es ist einfach nicht dasselbe. Aus «Dschungel-Indira» wird auch mit noch so viel Phantasie keine Hohenzollern-Prinzessin. Was bleibt also? Die Erinnerung an früher und der vernachlässigte Genpool unserer früheren Fürsten, dieser Tage verkörpert durch Wildpinkler wie Ernst August. Alles zutiefst deprimierend. Hoffnungslos. Dachte man.

Doch dann kam er: Karl-Theodor Freiherr zu Guttenberg mit seiner Frau Stephanie, EINER ECHTEN BISMARCK-ENKELIN! Mehr Glamour geht nicht, verfluchte Inzucht noch eins!!!

Und dieses perfekte «Power-Couple», eindeutig geboren, um über uns zu herrschen, das haben WIR ALLE geopfert. Auf dem Altar der Neidgesellschaft.

Kopieren geht über Studieren
Die Guttenbergs, ein deutscher Schundroman

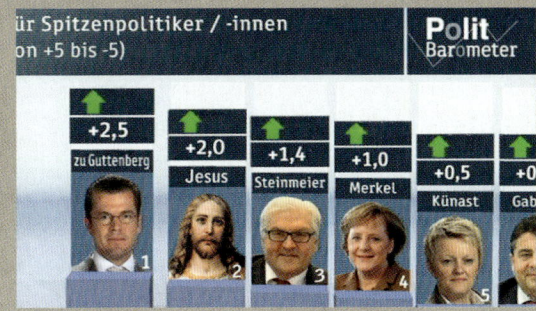

Erster Akt: Der Aufstieg

Karl-Theodor war, da waren sich die deutschen Leitmedien ausnahmsweise mal einig, die «Lichtgestalt» der Union. «Hoffnungsträger» oder «Star», das reichte alles nicht mehr, die «Lichtgestalt» musste es sein. Auf Augenhöhe mit dem Erzengel Gabriel und Superman.

Hinz und Kunz versuchen, ein Stück von seinem Glanz abzubekommen.

Sprach ER zu uns, nahm das deutsche Volk vor dem Fernseher eine devote Bückhaltung ein. Ja, für wenige glückliche Monate hatten wir wieder einen Kaiser! Und eine Kaiserin! Er war der deutsche John F. Kennedy, der deutsche Barack Obama, ach was: der zweite deutsche Papst. Warum? Das weiß jetzt keiner mehr so genau. Am Ende alles nur Blendwerk? Kann sich ein ganzes Volk so irren?

Die Boulevardpresse überschlug sich vor Begeisterung über die «Sehr Guttenbergs» («Bild»). Der einhellige Tenor: «Wie schaffen die das bloß?» (Schon wieder «Bild».) Ja, das fragen sich noch heute viele Hartz-IV-Empfänger und alleinerziehende Mütter: Wie schaffen die Guttenbergs das bloß? Politische Ämter (früher), Doktorarbeiten abschreiben (noch früher), das Schloss sauber halten. Mit nichts als ein paar Dutzend Hausdienern und mehreren hundert Millionen Euro Familienvermögen.

In der öffentlichen Wahrnehmung war Karl-Theodor mindestens der beste Mensch, der je gelebt hat. Die Sehnsüchte einer ganzen Nation wurden auf einen Mann projiziert und vom Glanz seiner gegelten Haare auf uns einfache Menschen zurückgeworfen. Das ZDF-Politbarometer machte es deutlich: An seinen besten Tagen deklassierte der Freiherr in Sachen Beliebtheit sogar einen ziemlich populären Zimmermann aus dem Nahen Osten.

Karl-Theodor galt als die größte politische Entdeckung seit Angela Merkel, wobei niemand mehr sagen kann, ob das als Kompliment gemeint war oder nicht. Der weitere Weg schien klar: bis zur Bundestagswahl 2013 Minister, dann Kanzler, dann Weltherrschaft.

Zweiter Akt:
Runter kommen sie immer

Im Nachhinein ist fast ein Muster erkennbar. Skandale pflastern seinen Weg als Verteidigungsminister. An Guttenbergs alter Kaserne

wurden angeblich Bundeswehrsoldaten gezwungen, bis zum Erbrechen Alkohol zu trinken? Erschütternd. Seit wann muss man Soldaten zwingen, bis zum Erbrechen Alkohol zu trinken? Dann kam ans Licht, dass unsere Armee zwar fürs Saufen optimal ausgerüstet ist, aber eben nicht für die Teilnahme an kriegsähnlichen Zuständen, wie sie in Afghanistan herrschen.

Verteidigungsminister, ein Posten, der schon andere zu kompletten Volldeppen gemacht hat.

ABKOTZ-ALYPSE NOW!

War! ... Uhh ... Yeah ... what is it good for? Absolutely nothing! So heißt es ganz richtig im unvergessenen Soulklassiker von Edwin Starr. Wer aber seine Soldaten in einen Krieg schickt, der muss sie auch entsprechend ausrüsten. Genau dies ist im Fall unserer Afghanistan-Mission versäumt worden. Offenbar haben die Verantwortlichen in Berlin im wahrsten Sinne des Wortes ...

... den Schuss nicht gehört! Ihr sitzt da in irgendwelchen Ausschüssen, furzt in eure Maßanzüge, und unsere Jungs in Afghanistan kämpfen mit der Fliegenklatsche gegen Panzerfäuste!

Vielen Dank auch! Jetzt pass mal auf, Guttenberg: Roll dir deine Afghanistan-Strategie zusammen und stopf sie dir gepflegt in deinen rasierten Freiherren-Pöter!

Karl-Theodor zu Guttenbergs Rückhalt im «Volk» konnte durch
die ersten Skandale kaum geschmälert werden. Im Gegenteil.
Auf dem Höhepunkt seiner Beliebtheit ließ sich ein «normaler» Beliebtheitsbalken, zum Beispiel der von Horst Seehofer,
neben dem von Guttenberg gar nicht mehr sinnvoll darstellen.
Eine Zeitlang galt sogar die Faustregel: Je größer die Kritik,
desto beliebter wurde der Mann. Wir Mathematiker sprechen
hier vom «umgekehrten Westerwelle-Effekt».

Dritter Akt:
Der Aufprall

Was viele vielleicht heute gar nicht mehr wissen: Der Guttenberg ist nicht nur adlig, der war auch mal Doktor. Echt! Und zwar, um von seinem einzigen echten Makel abzulenken: Er hatte als Jurist nämlich nur das erste Staatsexamen. Und wenn echten Volljuristen so jemand entgegenkommt, dann wechseln die instinktiv die Straßenseite. Daher musste unbedingt ein Doktortitel her. Egal wie! Und sei es, indem man sich einen aus anderen Arbeiten und Zeitungsartikeln «zusammenleiht». Ohne Vorsatz natürlich.

Dumm nur, wenn die Nummer irgendwann ans Tageslicht kommt. Nur weil so ein linker Wissenschaftler aus Bremen zu viel Tagesfreizeit hat und kurz mal reinschnuppert in die Guttenberg-Arbeit. Das war der Startschuss für die «beispiellose Hetzjagd». So eine Geschichte lässt sich kaum weglächeln, nicht mal mit einer beeindruckend weißen Kauleiste. Versucht hat er's natürlich trotzdem:

> **«Meine von mir verfasste Dissertation ist KEIN Plagiat, sie ist neben meiner Tätigkeit als Familienvater und Abgeordneter in mühevoller Kleinarbeit entstanden.»**
>
> KARL-THEODOR ZU GUTTENBERG,
> *ehemaliger Verteidigungsminister*

Das ist sogar fast richtig. Immerhin hat er den «FAZ»-Artikel für seine Einleitung SELBST aus der Zeitung ausgeschnitten! Als Adliger! Das hätte er doch gar nicht tun müssen.

Und nun erwies sich Ihro Gnaden auch noch als Meister der Salamitaktik. Die Strategie: Zugegeben wird nur das, was sowieso jeden Moment rauskommt. Und den Doktor gibt man zurück, circa eine Minute bevor er einem weggenommen wird.

Ansonsten mimt man weiter schön den Ahnungslosen.

Promotion-Plagiats-Post-Productions presents
a Ver(t)eidigungsministerium-Film

Karl-Theodor zu Guttenberg

in

ES WAR EINER JENER SCHMUTZIGEN JANUAR-TAGE, als dieser Typ in mein Büro kam. Teurer Anzug, teure Schuhe. Das fahle Neonlicht spiegelte sich in seinen perfekt gegelten Haaren. Fast schon sexuell erregt erkannte ich: Ach du Scheiße! Der Verteidigungsminister! Er hatte Ärger mit der Bundeswehr und mit der Opposition. Trotzdem sah er aus wie aus dem Ei gepellt. Verdammt, wie machte der das bloß?

Ich sollte für ihn die schmutzige Wäsche waschen. Natürlich.

Er sah sich als Opfer einer hinterhältigen Intrige. Wollten Neider aus der Union verhindern, dass er ZU beliebt wird? Hatten sie ihm deshalb dieses verfluchte Verteidigungsministerium gegeben? Und wer hatte seine amateurhaft zusammengeschusterte Dissertation ans Tageslicht gezerrt?

Wer auch immer dafür verantwortlich war, Seehofer, die Grünen oder der kleine Muck – die Beweislage war erdrückend. Ich wusste, worauf dieses hässliche Spiel hinauslief. Sie würden ihm den Titel wegnehmen. Seine Burschenschafts-Kameraden würden ihn nicht mehr zum Polo einladen, und alle Doktorspiele mit Stephanie wären ungültig und müssten wiederholt werden! Was tun? Noch hatte er Fans und Unterstützer. Noch. Aber was waren das bitte für armselige Gestalten?

Das Corpus Delicti, nicht mal das Deckblatt ist von ihm!

Eine frohe Botschaft in finsteren Zeiten: Es gibt noch Menschen, die verlangen, dass die Ehre von «Herrn Doktor» zu Guttenberg wiederhergestellt wird

Solche BWL-Mamasöhnchen sind auch keine Hilfe. Warum, fragte ich und schüttelte ihn dabei sanft, immer bemüht, sein Einstecktuch nicht zu zerknittern, warum musstest du auch den bekackten Doktor machen? Sind ein Adelstitel und viel Geld nicht genug im Leben? Von der blonden Alten ganz zu schweigen? WARUM?!

Er lächelte nur verzweifelt und erinnerte mich an die Worte, die Papa Westerwelle SEINEM Filius damals mit auf den Weg gegeben hatte:

> **«Junge, mach den Doktor. Dann kannste noch so großen Unsinn reden – jeder wird dir glauben.»**
>
> DR. DR. HEINRICH WESTERWELLE

Stimmt. Es sei denn, hinter dem Dr. steht das Wort «Westerwelle».

Die Beweise gegen «Gutti» waren erdrückend. 70 Prozent des Dissertationstextes waren abgeschrieben, das hatten die Ratten herausgefunden, die seit Tagen seine Arbeit durchwühlten wie Penner einen vollen Mülleimer. Ich sagte ihm: Das wird schwierig, sich da noch rauszureden. Kriech lieber zu Kreuze und gesteh den Betrug, dann kommst du vielleicht mit Bewährung davon. Guttenberg nahm einen tiefen Schluck aus meiner Whiskyflasche und spuckte ihn mir ins Gesicht. Niemals! Er hielt sich für unverwundbar. Dieser Narr!

> **«Ich habe diese Fehler nicht bewusst gemacht. Auch ich frage mich: Wie konnte das geschehen?»**
>
> KARL-THEODOR ZU GUTTENBERG,
> *ehemaliger Verteidigungsminister*

Diese lahme Ausrede glaubt doch kein Schwein! Man kann morgens an der Bushaltestelle in seiner eigenen Kotze aufwachen und sagen: «Upps, keine Ahnung, wie das geschehen konnte.» Aber man kann NICHT aus Versehen Texte abschreiben. Ich wusste, dem Mann ist nicht mehr zu helfen – genauso gut hätte er sich das Wort «Rücktritt» auf die Stirn tätowieren können. Aber davon wollte er nichts hören. Guttenberg zündete sich eine Cohiba an, stolperte aus meinem Büro und schrie Passanten auf der Straße an: «Mir kann keiner was! Wisst ihr Penner eigentlich, wen ihr hier vor euch habt? Den gottverdammten Verteidigungsminister! Fresst meinen Staub, ihr Wichser!»

Ich schaute ihm durch den Regen hinterher und fühlte fast so etwas wie Mitleid. Aber nur fast.

ENDE

Während seine Jünger auf Guttenbergs Wiederauferstehung, pardon, Rückkehr warten, vermissen wir von der «heute show» vor allem Gattin Stephanie. Die hat sich wenigstens nützlich gemacht, hat sich engagiert für den guten Zweck. Und gegen die – Zitat – «Übersexualisierung» unserer Gesellschaft.

Kinder sollten geschützt werden, unter anderem im Internet.

Ein absolut lobenswertes Anliegen, gar keine Frage. Darüber hat sie sogar ein Buch geschrieben.

Und das dann merkwürdigerweise ausgerechnet in der «Bild» promotet. Direkt neben dem «Bild-Girl von Seite 1», neben – Zitat – «Claudia (28), die gern eine Katze wäre», beklagte Frau Ministerin die fortschreitende Sexualisierung der Gesellschaft.

Tja, manchmal sieht man den Wald vor lauter Titten nicht.

Über Frau Baronins Medienpartnerschaft mit RTL 2 (siehe auch: «Bumssender vom Dienst») breiten wir an dieser Stelle den Mantel des gnädigen Schweigens, wie gesagt, ihre Anliegen sind mehr als ehrenwert. Also hören wir jetzt mal endgültig auf mit dem ganzen Gemecker und träumen wir vom Comeback des Fast-Kanzlers und seiner Fast-First-Lady. Denn wie man in Bayern sagt: Schö war's scho.

DEUTSCHE HELDEN

Die Guttenbergs

Sechs Uhr früh im Feldlager Kunduz/Afghanistan. Der Standort-Muezzin ruft die einheimischen Auxiliartruppen zum Frühgebet. Mit zusammengekniffenen Augen blickt der wachhabende StUffz in den Morgenhimmel. Auf drei Uhr nähert sich eine Transall. Wahrscheinlich der Versorgungsflieger aus Kabul. Seit vier Wochen hatten sie kein dreilagiges Toilettenpapier mehr im Lager, nur noch das zweilagige für die Mannschaftsdienstgrade, die Stimmung unter den Uffzen war dem Bersten nah. Außerdem fehlten Müllbeutel für das duale System. Laut Afghanistan-Mandat des Parlaments war Mülltrennung oberstes Gebot bei den Einsatzkräften. Eine Delegation der Grünen hatte eigens zu deren Kontrolle vor sechs Wochen alle Feldlager bereist.

Das Dröhnen der beiden Rolls-Royce-Mk-22-Turboprop-Triebwerke wird lauter, der wachhabende StUffz nimmt sein Fernglas zur Hand. Er freut sich auf die Lieferung aus Kunduz, vielleicht ist ein Brief von Mutter im Gepäck. Der letzte, den er ihr geschrieben hatte, war von einem Mitarbeiter des Abschirmdienstes geöffnet worden, und alle darin enthaltenen Rechtschreibfehler waren angestrichen. Das hatte ihm Mutter am Feldtelefon erzählt, es war so demütigend. Der StUffz blickt jetzt hoch zur Transall. Was ist das, da steht jemand in der geöffneten Heckklappe des Transportflugzeuges und lässt sich fotografieren. Nein, nicht der schon wieder. Aus der Traum vom dreilagigen Toilettenpapier, kein Brief von Mutter, keine neuen Lebensgeister weckenden Magazine. Sofort bricht im Lager der Alarm aus. Manch einer wünscht sich mittlerweile, die Taliban kämen zu Besuch statt K.-T. zu Guttenberg, auf die dürfte man wenigstens schießen. Wenn der oberste Chef einschwebt, alle zehn Tage etwa, verwandelt sich das Feldlager in die «Kunduz Fashion Week», wie die Soldaten hinter vorgehaltener Hand spotten. Mittlerweile ist die Transall gelandet, ein Wolf von der Fahrbereitschaft rast zur Maschine, um den Minister abzuholen. Doch er ist nicht allein. Neben ihm steht Stephanie Freiin zu Guttenberg dekorativ in der Tür der Transall, die beigen Chinos keck in die Desertboots gesteckt, zur leichten sommerlichen Splitterschutzweste trägt sie das Haar nach oben gebunden, vermeintlich nur gehalten durch die Dolce-&-Gabbana-Brille aus der aktuellen EyeWear-Kollektion. Auch ihr Gatte ist im Ausgehdress eines eleganten NGO-Vorsitzenden gewandet: ebenfalls beige Gabardine-Beinkleider, dazu einen Camouflage-Sweater lässig über die Schultern geworfen und die Stahlhelm-Plastikattrappe am langen Arm tätschelnd. Dieses Foto von Ken und Barbie in Afghanistan wird am nächsten Tag die ersten Seiten der bundesdeutschen Tageszeitungen beherrschen.

Eigentlich können beide jetzt schon wieder abfliegen, denn die Bilder sind im Kasten: Mission erfüllt. Doch anstandshalber sollte er mindestens noch einen Tag bleiben, vielleicht ergäben sich noch ein paar Bilder mit Soldaten hinter Sandsäcken oder so. Außerdem hat KT Gastgeschenke für die Einsatzkräfte im Gepäck: achthundert Reclamhefte «Thukydides: Geschichte des Peloponnesischen Krieges». Er selbst hatte das Werk erst jüngst im griechischen Original verschlungen und zitierte gern nach vollzogenem Beischlaf die schönsten Stellen seiner Gemahlin. Die Hitze beginnt schon zu dieser Stunde unerträglich zu werden, Stephanie quengelt einen herumstehenden Gefreiten an: «Ich will ein Eis, Stracciatella und Amarena ohne Sahne.» Unter den Achseln des adligen Oberbefehlshabers bilden sich die ersten Schweißränder. «Um Himmels willen, wenn das die Presse mitkriegt.» Zu Guttenberg wird kreidebleich. «Sofort fertig machen zum Start», brüllt er nach vorne in die Pilotenkanzel, «wir fliegen nach Hause, duschen.»

«Au ja, duschen!», hört man auch Stephanie Freiin zu Guttenbergs Stimme im Getöse der Rolls-Royce-Turboprops langsam untergehen. Der mitfliegende Lade-Unteroffizier kann gerade noch die achthundert Thukydides-Bände durch die bereits halbgeschlossene Ladeluke werfen, da hat die Transall auch schon kehrtgemacht und rollt wieder in Richtung Startpiste.

Mit gerunzelter Stirn blickt der wachhabende StUffz auf Hunderte von gelben Toilettenpapier-Abrissblöcken. «Verdammter Mist, taktisches Scheißpapier, das Bedrucken hätten se sich wenigstens sparen können.»

Karl-Theodor zu Guttenberg legt den Zeitungsartikel zurück in die Klarsichtmappe. «Kaputtgeschrieben hatten sie ihn, ja kaputtgeschrieben, die Pinscher von der Hauptstadtpresse», schrie er den daran vollkommen unschuldigen Weimaraner-Rüden an, der sich devot an seinen Knien rieb – oder war es Stephanie? Egal, KT war es jetzt nicht nach Kuscheln zumute, er würde wiederkommen, und zwar noch größer und erhabener, als er gegangen war. Nur jammerschade, dass die Truppe ihm nicht mehr gehorchte. «Schloss Guttenberg ist nicht St. Helena, ihr elenden Heloten und Hypokriten», brüllte er seinen Weimaraner an, oder war es Stephanie, egal, denn beide verstanden kein Griechisch.

(Dietmar Wischmeyer)

Making of «heute show»

Die Bonustracks

Die Autoren der «heute show» lauschen gespannt den Ausführungen von ZDF-Redakteur Stephan Denzer (Mitte).

«Die Hinrichtung meiner Person wurde empfohlen ...»

10 Fragen an «heute show»-Reporter Martin Sonneborn

1. Müssen Sie manchmal lachen bei Ihren Reportagen?

Eigentlich selten, ein komisches Interview bedeutet zumeist eine Stresssituation. Man muss ja permanent versuchen, die vorbereiteten Fragen unterzubringen, den Gesprächsverlauf zu dirigieren und dann auch noch den Interviewpartner höflich darauf hinzuweisen, dass seine Antworten zu lang sind fürs Fernsehen. Nicht jeder kann so arbeiten wie ein gestandener Reporter der Tagesthemen, der einen jungen Politiker nach einigen missglückten Versuchen harsch – und erfolgreich! – instruierte, er wolle jetzt Folgendes von ihm hören, und zwar in genau den drei Sätzen, die er ihm jetzt mal vorsage ...

2. Werden Sie nicht ab und zu erkannt bei Dreharbeiten?

Ja, mitunter passiert das. Einmal wurde ein Interview in letzter Minute abgesagt, als wir schon die Scheinwerfer aufgebaut hatten. Der Pressereferent eines hochrangigen Lobbyisten war Fan der «heute show» – aber noch mehr Fan seines Arbeitsplatzes ... Beim nächsten Dreh, einem Beitrag über den Parteitag der Linken in Rostock, habe ich mich dann bis zur Unkenntlichkeit verkleidet, mit Hornbrille, angeklebtem Schnauzbart und blonder 70er-Jahre-Perücke. Lustigerweise wurde ich trotzdem sofort erkannt, schon beim Betreten der Rostocker Stadthalle: zum Glück aber nur als Theo Koll, Redaktionsleiter Politik beim ZDF.

Perücke, Sonneborn, Brille, Schnauz (v. l. n. r.):
«Achtung, da ist der Theo Koll vom ZDF!»

3. Wie begegnen Sie dem Vorwurf, Sie würden in den Filmen «den kleinen Mann von der Straße» vorführen?

Mit einer raffinierten Doppelstrategie: Erstens verweise ich darauf, dass wir ja auch immer wieder Politiker, Prominente und Funktionsträger vor der Kamera haben – Steinmeier und Wowereit von der SPD fallen mir sofort ein, Hubertus Heil, Thorsten Schäfer-Gümbel, wenn Sie den als Prominenten gelten lassen wollen oder als Politiker, Hinterbänkler aus FDP oder Linkspartei, Lobbyisten großer Wirtschaftsverbände, Thilo Sarrazin, Dieter Kosslick, Angela Merkel – einmal sogar den Weihnachtsmann! Und zweitens, dass es natürlich auch der kleine Mann von der Straße ist, der Neger schlägt oder FDP wählt.

4. Tun Ihnen die Leute in Ihren Filmen manchmal leid?

Sehr selten, wir versuchen ja meistens, einen satirischen Ansatz zu finden. Das impliziert, wie ich meiner eigenen, selbstgeschriebenen Magisterarbeit entnehme, nicht nur eine gewisse Komik, die den Aussagekern ästhetisch verbrämt, und eine wesenseigene Aggressivität, die sie vom reinen Klamauk, von der Comedy unterscheidet, sondern auch eine moralische Zielsetzung, die Abstellung eines Mangels nämlich oder zumindest das Aufzeigen eines solchen. Mit anderen Worten: Es trifft (hoffentlich) selten die Falschen.

5. Und was ist mit Herrn S.? Na?

Okay, okay, Peter S., Geschäftsführer (a. D.) eines Pharmaverbandes, ist eine Ausnahme. Es tat mir tatsächlich leid, dass er kurz nach der Ausstrahlung entlassen wurde; aber es gab offenbar noch weitere Konfliktpunkte zwischen ihm und seinem Verband. S. kam ursprünglich aus der «Arbeitsgruppe Gesundheit» der SPD, und als oberster Lobbyist milliardenschwerer Pharmafirmen musste er mitunter wohl gegen seine Überzeugung agieren. Im Interview hat er für den Geschmack seines Arbeitgebers wohl zu oft gesagt, was er eigentlich nicht sagen wollte: dass patentfreie Arzneimittel relativ billig herzustellen sind und die ausländischen Billigprodukte in unseren Apotheken den gleichen Qualitätsstandards verpflichtet sind wie hochpreisige inländische. Sein schönster Satz war eigentlich die Klage, dass «die Bäume in der Pharmaindustrie nicht mal mehr bis in den Himmel wachsen». Aufgrund eines Missverständnisses ging er davon aus, dass wir für das «heute journal» drehen und nur Sätze zeigen, die ihm genehm sind. Leid tat er mir, weil er eigentlich ein sympathischer älterer Herr war. Und auf seinem Platz jetzt vermutlich ein skrupelloses Riesenarschloch sitzt.

6. Sind Sie manchmal fassungslos, was die Leute vor der Kamera alles mitmachen?

Als wir für den Film «Google Home View» unterwegs waren, haben wir einfach wahllos an Häusern geklingelt. Und sofort das erste Ehepaar hat uns ins Haus gebeten. Das war schon etwas verstörend. Ich erklärte dem Mann, der uns die Tür öffnete, lediglich, dass wir von Google kämen und alle Häuser jetzt auch von innen fotografieren müssten. Er entgegnete: «Ja, ich weiß.» Da habe ich für einen Moment befürchtet, Google wäre vielleicht doch schon ein bisschen weiter, als wir denken. Leider konnten wir nachher nicht alles in dem Beitrag unterbringen. Wir haben nämlich den Leuten noch erklärt, dass es bei Google Home View auch Kleinanzeigen gibt, die am Computer aufploppen, wenn man mit der Maus über die Bilder ihrer Wohnung fährt. Sie müssten ihren Text nur auf eine von uns kostenfrei zur Verfügung gestellte Papptafel schreiben und diese in die Kamera halten. Ein Handwerker nutzte das spontan für ein politisches Statement und annoncierte: «Sarrazin hat recht!» Und ein paar Häuser weiter wollte eine jüngere Eigenheimbesitzerin unbedingt ihr Pferd grüßen, also schrieb sie in riesigen Lettern: «Hallo Lotte!» Dann fiel ihr ein, dass Lotte gar nicht lesen kann. Also drehte sie die Pappe um und malte ein Pferd auf die Rückseite. Was für einen DSL-Anschluss ihr Gaul hat, haben wir sie nicht mehr gefragt.

7. Haben Sie schon einmal richtig Angst gehabt während der Dreharbeiten?

Ja, einmal, als wir am «Tag der offenen Tür» im Kanzleramt gedreht haben. Es fing gut an, gleich am Eingang fragte mich eine Pressedame mit Blick auf mein ZDF-Mikrofon, ob ich das große ZDF-Sommerinterview mit der Kanzlerin führen würde. Leider habe ich schlecht reagiert und nur gesagt: «Ja, aber erst im nächsten Jahr.» Sonst hätte es im großen Sommerinterview bestimmt mehr Fragen nach Merkels erster Karriere als FDJ-Sekretärin für Agitation und Propaganda gegeben.

Wir sind im Hof zwischen den Blaskapellen herumspaziert, haben ein bisschen Hofberichterstattung gedreht und Kanzlerin Merkel gesucht. Irgendwann standen wir dann an einem sehr schmalen, mit roten Bändern abgesperrten Kiesweg so postiert, dass sie bei ihrem Bad in der Menge direkt an uns vorbeilaufen musste. Steffen Seibert, ihr Regierungssprecher, hat mich frühzeitig erkannt und sie gewarnt. Vermutlich konnte sie mich einordnen, denn ich hatte ihr zu *Titanic*-Zeiten immer die Hefte zugeschickt, wenn wir sie auf dem Titel hatten, mit Schlagzeilen wie «Darf DAS Kanzler werden?» oder «Deutschland wählt: ein neues Gesicht für Angela Merkel».

Als sie dann einen halben Meter entfernt vor mir stand und den begeisterten Bürgern neben mir gutgelaunt zulächelte, habe ich sie höflich gefragt: «Frau Kanzlerin, ist das eher ein guter Tag für Sie oder ein Scheißtag?» Sie hat das Lächeln ausgeknipst und mir schmallippig einen Blick zugeworfen, den ich bisher nur von Bela Lugosi (vgl. Google, Seite 134 ff.) kannte: eiskalt, nicht ganz wie von dieser Welt und dabei von einer antiquierten, harmlosen Drohlichkeit, die sich ja in unserem Staatssystem eigentlich auf nichts stützen kann.

Als Regisseur Andreas Coerper und ich wenig später auf zwei Pollern vor dem Kanzleramt herumlümmelten und auf das Taxi warteten, haben wir uns wie Kinder gefreut, dass wir in einer derart gefestigten Demokratie leben. Ich glaube, wenn man George W. Bush, Saddam Hussein, Kim Jong Il oder Stefan Mappus eine solche Frage gestellt hätte, wäre man zumindest gefoltert worden.

8. Welche Ihrer Reportagen hatte die größte Resonanz?

Unser Film über die Frankfurter Buchmesse. China war Gastland, und vor der Buchmesse wurde ungeheuer engagiert diskutiert, ob man den Ehrengästen gegenüber das Thema «Menschenrechte» thematisieren könne, solle, dürfe, müsse. Wirklich angesprochen wurde es dann eigentlich nur von uns, zumeist übrigens gegenüber Chinesen, die kein Wort Deutsch verstanden. Ich habe für die Kamera simultan übersetzt, was die Chinesen von sich gaben; natürlich eher intuitiv, weil ich nicht gut Mandarin spreche. Das chinesische Staatsfernsehen hat den Film wenig später ausgestrahlt. Wir gehen von rund einer Milliarde Zuschauer aus, wahrscheinlich unser erfolgreichster

Film! Leider haben die Chinesen vergessen, darauf hinzuweisen, dass er aus einer Satiresendung namens «heute show» stammt. Viele Chinesen empörten sich also, weil sie davon ausgingen, sie hätten gerade einen normalen Nachrichtenbeitrag aus Deutschland gesehen. Über den Umweg Auswärtiges Amt wurde uns die Kritik dann übermittelt und dabei auch gleich eine Hinrichtung meiner Person empfohlen, wahrscheinlich in Unkenntnis der hiesigen demokratischen Sitten. Die Beziehungen zwischen der Volks- und der Bundesrepublik verschlechterten sich anschließend so weit, dass Außenminister Westerwelle bei seinem Antrittsbesuch in Peking nur ein sehr eingeschränktes Rederecht eingeräumt wurde. Und das ist ein Zustand, den wir langfristig natürlich auch in Deutschland und Europa herzustellen gedenken!

9. Was planen Sie als Nächstes?

In der nächsten Woche wollen wir Ostdeutschland entnazifizieren. In der DDR hat es nach 1945 nie eine konsequente Entnazifizierung gegeben – im Westen natürlich auch nicht, aber da rechnet die NPD nicht mit fünf Prozent bei Landtagswahlen. Ich habe das vor Jahren schon mal – erfolglos – per Telefon versucht, als Vertreter des «Amtes für Entnazifizierung». Wer die Autobahnen gebaut hat, Kohl oder Hitler, konnten die meisten DDR-Bürger im amtlichen Entnazifizierungstest noch richtig zuordnen. Aber schon auf die Frage, wie lange das 1000-jährige Reich währte, offenbarten sich gefährliche Wissenslücken: «Na, 1000 Jahre – oder ist das 'ne Fangfrage?!»

10. Darf man sich über 20 Jahre nach der Wiedervereinigung noch über den Osten lustig machen?

Ich fürchte: ja. Wir machen schon seit fünf Minuten nach dem Mauerfall Witze über die Zone und haben uns dann alle zehn Jahre die Frage gestellt, ob es hier immer noch Anlässe für Satire gibt. Aber solange wir nicht wirklich ein Volk sind, wir und die dadrüben, solange politische, kulturelle und sozioökonomische Unterschiede zwischen West und Ost bestehen, solange Erzgebirgler noch glauben, sich vor unserer Kamera zum 3. Oktober hin – in unglaublich lustiger Art und Weise! – beim Westen bedanken zu müssen für all die Milliarden, die in den vergangenen 20 Jahren in den Osten geflossen sind

(vgl. Mediathek, Stichwort: «heute show», «Der reiche Osten») –
so lange ist Satire gerechtfertigt. Und danach machen wir aus
reinem Spaß damit weiter!

Liebe Leser!

Als ich 2009 gefragt wurde, ob ich Außenreporter bei der «heute show» werden will, musste ich nicht lange überlegen. Ich finde es nämlich unglaublich wichtig, dass Journalisten wie ich die Pflicht als vierte Macht ausüben, um die Politik in diesem Land kritisch und satirisch zu beleuchten und zu hinterfragen. Außerdem war ich zu dem Zeitpunkt dermaßen im Arsch, dass ich wirklich jeden miesen Drecksjob angenommen hätte.

Dabei war alles nur ein dummes Missverständnis. Denn eigentlich hatte ich mich als Auslandskorrespondent für das «heute journal» beworben. Mein Wunschort Ibiza galt jedoch nicht als potenzieller Krisenherd, und so wurde mein hochseriöser Probebeitrag aus unerfindlichen Gründen für Comedy gehalten und an die Spaßnasen von der «heute show» weitergegeben. Aber was soll's … Hauptsache, ich kann mir beim ZDF auf diese Weise etwas von meinen GEZ-Gebühren zurückholen.

Meine Arbeit als Außenreporter ist immer wieder faszinierend. Man braucht nämlich keinerlei Fachwissen, sondern bloß einen schwarzen Anzug und ein ZDF-Mikrofon, um von den Politikern ernst genommen zu werden. Eine tolle und neue Erfahrung – vor allem, wenn man mal als lustiger Straßenreporter für Pro7 gearbeitet hat.

Auf diese Weise ist es möglich, an fast jeden Politiker heranzukommen. Aber ich suche mir nicht nur politische Leichtgewichte wie Jürgen Rüttgers oder Guido Westerwelle aus, sondern trete auch in Kontakt mit den wirklich wichtigen Politikern, die direkt an der Zentrale der Macht sitzen – wie Heinz Kaulbauch, Landesvorsitzender der «Partei Bibeltreuer Christen».

Mit ihm führte ich einen harten Diskurs darüber, bis wann homosexuelle Handlungen mit dem lieben Gott vereinbar sind.

«Wie ist es mit Schmusen? Also eine Art Vorstufe?»

«Und wenn's ohne Zunge ist?»

«Würde ich auch schon als nicht normal ansehen!»

«Kommt drauf an! In den Ar… In den arabischen Ländern sieht man das ein bisschen anders. Da gehört das vielleicht zu einer normalen Form!»

Sie merken also: Außenreporter bei der «heute show» ist ein knallharter Job!

Teilweise ist es sogar so, dass es draußen regnet und man ziemlich nass werden kann. Oder man muss für eine Parteiveranstaltung vor der Halle anstehen – zusammen mit dem einfachen Pack von Phoenix und N24.

Um immer auf dem neuesten Stand zu sein, muss ich mich außerdem ständig weiterbilden und akribisch vorbereiten. Teilweise lese ich sogar eine Zeitung oder gucke die Nachrichten.

Und als wäre das nicht alles schon schwierig genug, kommen dann noch die technischen Schwierigkeiten hinzu. Heutzutage ist es nämlich gar nicht so einfach, einen Beitrag für das Fernsehen zu produzieren. Dennoch werde ich jetzt erstmals versuchen, diese schwierigen komplizierten technischen Abläufe zu erläutern:

An der Videokamera befindet sich ein roter Knopf mit der Aufschrift «Rec». Das ist die Abkürzung für das englische Wort «Record» und bedeutet «Aufnahme». Wenn der «Kameramann» nun diesen roten Knopf drückt, startet die Aufnahme. Drückt er ihn erneut, wird die Aufnahme beendet. Der fertige Beitrag entsteht dann jedoch erst später im «Schnitt», wo die Aufnahmen eingekürzt und zusammengeschnitten werden – teilweise sogar in anderer Reihenfolge.

Aber es gibt noch einen Grund, warum ich gerne bei der «heute show» arbeite: Oliver Welke ist nämlich der tollste, kollegialste und kooperativste Chef, den man sich wünschen kann, und ich hoffe sehr, dass ich ihn irgendwann auch mal persönlich kennenlernen darf.

Herzlichst
Ihr Lutz van der Horst

Unter deutschen (Schädel-)Dächern:

Die Fotos von Google Home View

Rund 800 Millionen Pixel hat der Fotograf Georg Behrend in den drei Wohnungen verschossen, die von Google-Mitarbeitern in Deutschland bereits besucht und fotografiert wurden. Hier sehen Sie die spektakulärsten Aufnahmen.

Je nach Bedarf bietet Google wahlweise die Verpixelung von Gesicht oder persönlicher Meinung an.

Stagnierende Bevölkerungszahlen hierzulande haben einen ganz einfachen Grund: Viele rechte Ehebetthälften sind längst geräumt.

Google-Mitarbeiter werden vom Konzern mit einer Permanentpixelung (to go) versehen.

Marilyn Monroe, wie sie Reportern kess die Zunge herausstreckt, Albert Einstein in einem weißen Kleid über einem Belüftungsschacht, das eigene Gesicht, aufgenommen von einer mobilen Radarfalle bei Tempo 235 – es gibt Fotos, die Geschichte schreiben, die im Gedächtnis bleiben, die man nie wieder vergisst. Dieses gehört nicht dazu.

Ähnlich wie die Bilder von Karl Lagerfeld sind viele der Google-Fotos durch ausgewogene Farbigkeit, harmonischen Bildaufbau und das Fehlen eines zentralen Gegenstandes geprägt. Trotzdem bewertet der internationale Kunstmarkt sie um bis zu 2,5 Millionen Euro niedriger: Kaufempfehlung!

Ehe man sich's versieht, ist die Kindheit vorüber, man selbst mit der kleinen Dicken aus der 7b verheiratet, der Staat, in dem man lebte, bankrott – und dann stehen plötzlich auch noch ein paar Idioten von Google in der Wohnung und erschrecken die Kuscheltiere, die man sich abends zum Trost ins Bett holt!

Das Team

Christian Ehring

Experte für das Spezialgebiet «Alles». Um Ehring ranken sich zahlreiche Gerüchte. So behaupten ZDF-Zuschauer immer wieder, Ehring im Düsseldorfer «Kommödchen» gesehen zu haben.

Christian Ehring
Chef-Auskenner

Gehört er etwa der berüchtigten Geheimloge der «Kabarettisten» an? (Vor allem in den Siebzigern besuchten linke Studienräte gern Bühnenprogramme, um sich von «Kabarettisten» in ihrem Weltbild bestätigen zu lassen. Dabei wurden in extremen Fällen auch «kritische» Lieder gesungen.)

Christian Ehring bestreitet energisch jede Verbindung zum «Kabarett».

Gernot Hassknecht
Chef-Choleriker

Gernot Hassknecht

Der einzige Sohn eines Waldorf-Lehrers und einer Heilpraktikerin ist eine echte Herausforderung für sein Elternhaus.

Während der ersten Lebensjahre schläft Gernot praktisch keine Nacht durch. Bis zu seiner Volljährigkeit gilt er als «Schreikind». Vor allem mit der homöopathischen Mutter kommt es immer wieder zu Auseinandersetzungen. (Zitat: «Steck dir deine Scheiß-Globuli doch in den Arsch!») Das Verhältnis zu den Eltern entspannt sich erst, als er die beiden kurz nach dem fünfzigsten Geburtstag des Vaters in ein Heim bringen lässt.

Gernot Hassknecht lebt neben einer Autobahnraststätte an der A 2 und ist praktizierender Buddhist.

Tina Hausten

Die Statistikgöttin der «heute show» wird 1975 als jüngstes von 1,3 Kindern geboren. Sie besucht die Graf-Zahl-Gesamtschule in Berlin-Zahlendorf, wo sie bis zum Abitur sowohl die «Statistik-AG» als auch die «Sozial völlig isolierte Streber-AG» leitet.

Nach Feierabend unternimmt Tina Hausten gerne ausgedehnte Wählerwanderungen. Oder sie backt Tortendiagramme.

Tina Hausten
Dipl. Ing. Rev. Nat. Proz. Ent.

heute show

Ulrich von Heesen

Berichtet seit Jahrzehnten aus diversen deutschen Hauptstädten. Der «George Clooney unter den Korrespondenten» (von Heesen über sich selbst) wurde im Laufe seiner Karriere von sieben Bundeskanzlern persönlich beleidigt.

In seiner Freizeit trinkt Ulrich von Heesen gerne Alkohol.

Ulrich von Heesen
Der Mann fürs Grobe

heute show

Albrecht Humboldt

Albrecht Humboldt wächst als Sohn eines Honorarkonsuls und einer Bismarck-Enkelin in Baden-Baden auf.

Im Alter von drei Jahren bringt er sich selbst Lesen und Schreiben bei, mit vier wird er Mitglied einer schlagenden Verbindung.

Albrecht Humboldt
«heute show»-Klassensprecher

heute show

Stationen seiner journalistischen Laufbahn sind die Schülerzeitung «Elite, na und?», die Lifestyle-Seite des «Bayernkuriers» sowie ein Internet-Blog namens «Eure Armut kotzt mich an!».

Zum Reporterteam der «heute show» gehört Humboldt seit 2010. Bestimmte Unionsministerpräsidenten im ZDF-Fernsehrat bestreiten energisch, auf seine Festanstellung gedrängt zu haben. Auch habe Humboldt keineswegs an ihren Dissertationen mitgewirkt.

Petra Radetzky

Die gelernte Profi-Vollblutjournalistin aus Leidenschaft hat die Autoren dieses Buches per einstweilige Verfügung verpflichtet, in der Darstellung ihres Lebenslaufes auf die Begriffe «Flintenweib»,

Petra Radetzky
«Mädchen» für alles

heute show

«genervte Emanze» sowie «Antonia Rados für ganz Arme» zu verzichten. Dies ist hiermit geschehen.

Martin Sonneborn, Carsten van Ryssen, Lutz van der Horst und Olaf Schubert

Martin Sonneborn
Investigative Enthüllungen
und mehr

Machen Filme und Reportagen für die «heute show». Das machen sie gut. Die Herren haben früher mal irgendwas studiert und sind heute zwischen 30 und 45 Jahre alt. Einer von ihnen wohnt in Dresden. Die anderen nicht.

Olaf Schubert
Lebende Aufmerksamkeitsdefizit-
Hyperaktivitäts-Störung

Lutz van der Horst
Horst vom Dienst

Carsten van Ryssen
Auch genannt
«Fun Fun Fun» van Ryssen

Oliver Welke
Mr. «heute show»

Oliver Welke

Erste Erfahrungen mit dem Showgeschäft macht der Ostwestfale schon im Alter von fünf Jahren. Sein Vater, der Betreiber einer kleinen Werbeagentur, nutzt 1971 das (voluminöse) Konterfei seines Sohnes für die Banderole einer Würstchendose der Marke «Knacker einfach».

Dies ist der Startschuss für Welkes Modelkarriere. Gleichzeitig auch der Endpunkt. Tatsächlich wird er ausschließlich im Dosenwürstchenbereich gebucht. Und zwar einmal.

Dennoch sagt Oliver Kalkofe später über seinen Namensvetter: «Er war die Claudia Schiffer der ferkelverarbeitenden Industrie.»

Dietmar Wischmeyer

Dietmar Wischmeyer und Oliver Welke kennen sich schon aus ihrer gemeinsamen Zeit beim Frühstyxradio. Er wurde 1957 in Oberholsten/ Wiehengebirge geboren, studierte Philosophie und Literaturwissenschaft und arbeitet seit Ende der achtziger Jahre in der deutschen Humorwirtschaft; zunächst beim Hörfunk, wo die meisten seiner populären Figuren entstanden (Frieda und Anneliese, Die Arschkrampen, Günther, Der Kleine Tierfreund etc.), dann auch auf der Bühne und im Fernsehen. Das sonntägliche Frühstyxradio hörten acht Jahre lang jede Woche eine halbe Million Witz-Anarchisten in Norddeutschland und Berlin.

Von Dietmar Wischmeyer sind bisher fünfzig Tonträger und über zwanzig Bücher erschienen. Sein jüngstes Werk heißt «Deutsche sehen dich an» (Berlin, März 2011), dem der Text «Die ideale Rede eines anständigen Bundespräsidenten, kurz nach seiner Wahl» entstammt. Abdruck mit freundlicher Genehmigung des Ullstein Verlags.

Dietmar Wischmeyer lebt zurzeit auf freiem Fuß im Landkreis Schaumburg, Niedersachsen.

Gernot Hassknechts letzte Worte
Endlich! Komplett und unzensiert

Über Karl-Theodor zu Guttenberg:
Jetzt pass mal auf, Guttenberg:
Roll dir deine Afghanistan-Strategie
zusammen **und stopf sie dir
gepflegt in deinen rasierten
Freiherren-Pöter!**

Über seine Exfrau:
Renate will ich jetzt mal
eins sagen: **Von mir aus
zieh doch zu deiner
fetten Schwester, du
blöde Kuh!**

**Über die verbliebenen
FDP-Wähler:**
Und wenn mir noch
EINER sagt, dass er
beim nächsten Mal
trotzdem wieder
FDP wählen will,
**dem prügel ich
doch persönlich
die Scheiße aus
dem Arsch!**

**Über die Frage seiner
Exfrau Renate,
ob sie in ihrem Kleid
dick aussieht:**
Mit dem Kleid hat
das nichts zu tun,
**duu ... hysterische
fette Qualle!**

Über Sigmar Gabriel:
Den Hartz-IV-Regelsatz verfrisst der doch bei einem
Mittagessen im Borchardt, **dieser großmäulige
Angeber mit seinem fetten Quadratarsch!**

Über die Kölner Bauunternehmer:
Euch Verbrecher sollte man alle in einen
Sack stecken und über Griechenland
abwerfen! **Da passt ihr nämlich hin!
Für mich seid ihr doch die
wahren Schafficker!**

Über die Grünen:
Für 'nen Platz am Kabinetts-
tisch werft ihr euch auf den
Rücken **und macht die
Beine breit wie die letzte
Hafennutte!**

Über Rainer Brüderle:
Voll wie 'ne Haubitze!
Geistiger Dünnschiss!
Leck mich mit Anlauf am Arsch!

Über Philipp Rösler und seine Gesundheitsreform:
Warte mal ab, bis du so alt bist wie ich!
Jahaha! Dann musst du auch fünfmal die Nacht pissen!

Über Stummfilm-Pianisten:
Und du hör auf zu klimpern,
du hässliche Pianisten-Schwuchtel!

Über Drogen:
Weil ja gerade Marihuana, in bestimmten Mengen genossen, durchaus ...

Über Thilo Sarrazin:
Denk da mal drüber nach, bevor du sie das nächste Mal aufreißt,
deine dämliche Froschfresser-Fresse!

Zu seinem Requisiteur, der einen Fehler gemacht hat:
Ich geb dir gleich Sorry, **du dämlicher kleiner Pisser!**

Über Touchscreens:
Na, gefällt dir das? Oder brauchst du noch mehr Berührung! **Da!!! Stirb, du Schwein! Stirb!**

Über das Sparpaket der Regierung:
Ich hab doch noch ein 24-Karat-Intimpiercing, **das reiß ich mir mal eben aus dem Sack!**

Über Kate Middletons Hochzeitskleid:
Ihr Kleid war so **wunderschön ...**

Danksagung

Ein herzlicher Dank geht an Micky Beisenherz, Sylvia Brucker, Rahul Das Gupta, Stephan Denzer, David Flasch, Oliver Grundel, Deniz Güneyler, Matthias Haack, Georg Hirschberg, Dietmar Jacobs, Holger Kalisch, Alexandra Kammler-Stromsky, Stephani Kixmüller, Peter Knossala, Matthias Krüger, Martin Laube, Marc Loeb, Björn Mannel, Oliver Rasche, Thomas Rogel, Gregor Salmingkeit, Markus Schafitel, Horsthelmut «Schimmi» Schimkat, Manfred Teubner, Jörg Übber, Ralf Wiemer, Andreas Wolf, Thomas Wolfschläger, Martin Wosseng – und ganz besonders an Marcel Behnke, Heiko Boos, Philipp Dollinger, Sami Gültekin und Marc Pettersson von lostview.

Bildnachweis

dpa Picture Alliance: S. 132 rechts, 147, 148 (unten: Augenklick/
Pressefoto Baumann), 149, 150 (oben: Sven Simon, unten: united
archives), 151 (oben: Klaus Rose), 152 (akg images), S. 153 (dpaweb),
171 oben, 191 unten, 192 oben

NDR: S. 139 unten, 171 unten

Südwestrundfunk: S. 159 oben

ProSiebenSat.1: S. 190 unten

RTL: S. 212 oben

Frank Wilde: S. 231

Alle anderen Bilder: ZDF Enterprises GmbH. Grafiken mit
freundlicher Genehmigung von lostview.